PROJETO
prosa

LETRAMENTO E ALFABETIZAÇÃO LINGUÍSTICA

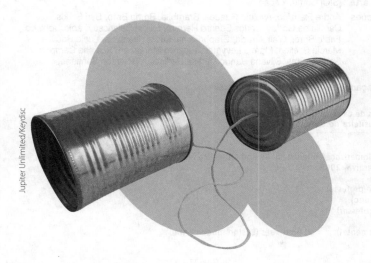

Jupiter Unlimited/Keydisc

Angélica Prado
Licenciada em Letras pelas Faculdades
Integradas Teresa D'Ávila
Pós-graduação *Lato Sensu* pelo Centro
Universitário Salesiano de São Paulo

Cristina Hülle
Bacharel e licenciada em Letras pela Pontifícia
Universidade Católica de São Paulo
Licenciada em Pedagogia pela PUC–SP

ENSINO FUNDAMENTAL **2º ANO**

1ª edição – 2008
São Paulo

Editora Saraiva

COMPONENTE CURRICULAR:
LETRAMENTO E ALFABETIZAÇÃO LINGUÍSTICA

ISBN 978-85-02-07123-0
ISBN 978-85-02-07124-7 (Livro do Professor)

Projeto Prosa Letramento e alfabetização linguística (Ensino Fundamental) – 2º ano
© Angélica Prado, Cristina Hülle, 2008
Direitos desta edição:
SARAIVA S. A. – Livreiros Editores, São Paulo, 2008
Todos os direitos reservados

Gerente editorial	Marcelo Arantes
Editor	Silvana Rossi Júlio
Assistente editorial	Vera Sílvia de Oliveira Roselli e Natália Tacetti
Revisores	Lucia Scoss Nicolai (coord.), Elaine Azevedo Pinto, Renata Palermo
Assistente de produção editorial	Rachel Lopes Corradini
Pesquisa iconográfica	Iron Mantovanello
Gerente de arte	Nair de Medeiros Barbosa
Coordenador de arte	Vagner Castro dos Santos
Assistente de produção	Grace Alves
Projeto gráfico e capa	Homem de Melo & Troia Design
Foto de capa	Jupiter Unlimited/Keydisc
Assessoria de arte	[SIC] Comunicação
Ilustrações	André Flauzino, Avelino Guedes, Brambila, Bruna Brito, Byri Sarkis, Camila de Godoy, Carlos Edgard Herrero, Eliana Delarissa, Fábio Cobiaco, Fábio Sgroi, Glair Arruda, Graphorama, Lúcia Hiratsuka, Lúcio Bouvier, Márcia Széliga, Marcio Levyman, Ricardo Montanari, Rosinha Campos, Sabrina Eras, Silvana Rando, Teresa Berlinck, Weberson Santiago, Wilson Jorge Filho
Diagramação	Walter Reinoso, Mauro Moreira

Dados Internacionais de Catalogação na Publicação (CIP)
(Câmara Brasileira do Livro, SP, Brasil)

Prado, Angélica
Projeto Prosa : letramento e alfabetização linguística, 2º ano / Angélica Prado,
Cristina Hülle. – São Paulo : Saraiva, 2008.

Suplementado pelo manual do professor.
ISBN 978-85-02-07123-0 (aluno)
ISBN 978-85-02-07124-7 (professor)

1. Alfabetização (Ensino fundamental)   2. Português (Ensino fundamental)
I. Hülle, Cristina. II. Título.

CDD-372.41
-372.6

08-04599

Índices para catálogo sistemático:
1. Alfabetização : Ensino fundamental   372.41
2. Português : Ensino fundamental   372.6

Impresso no Brasil
6   7   8   9   10

Editora Saraiva

2011

R. Henrique Schaumann, 270 – CEP 05413-010 – Pinheiros – São Paulo – SP
Tel.: PABX (0**11) 3613-3000 – Fax: (0**11) 3611-3308
Televendas: (0**11) 3616-3666 – Fax Vendas: (0**11) 3611-3268
Atendimento ao professor: (0**11) 3613-3030 Grande São Paulo – 0800-0117875 Demais localidades
Endereço Internet: www.editorasaraiva.com.br – E-mail: atendprof.didatico@editorasaraiva.com.br

Impressão e acabamento Prol Gráfica

Conheça a organização do seu livro

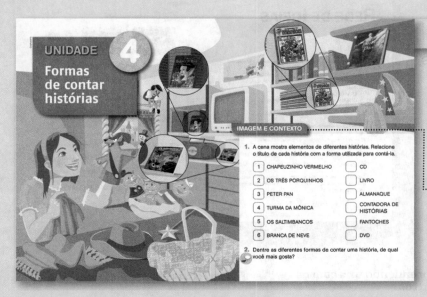

Unidades

Seu livro tem oito unidades. As aberturas das unidades trazem imagens que introduzem o trabalho a ser desenvolvido.

Na seção **IMAGEM E CONTEXTO** você vai ser convidado a observar os elementos da imagem e relacioná-los com seus conhecimentos sobre o tema ou com o seu dia-a-dia.

Capítulos

Cada unidade é dividida em dois capítulos, que exploram e desenvolvem os conteúdos e conceitos estudados. Cada capítulo é composto de seções. Em cada seção você desenvolve atividades variadas, escritas e orais, em dupla com um colega ou em grupo.

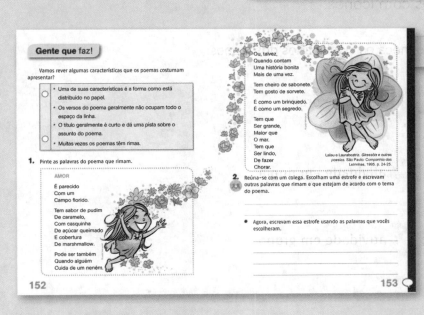

Gente que faz!

Nesta seção você vai pôr em prática o que aprendeu. Produção de textos, jogos e desafios vão mostrar sua criatividade e habilidade na língua escrita.

Conheça a organização do seu livro

Rede de Ideias

As atividades propostas vão ajudá-lo a retomar as principais ideias do que você trabalhou na unidade.

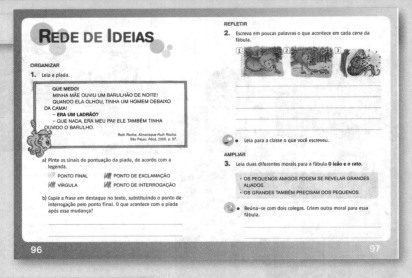

Convivência

Quatro das oito unidades terminam com esta seção. É o momento de refletir sobre valores e atitudes que vão contribuir para você se tornar um cidadão consciente e participante.

Organizadores

Ao longo do livro você vai ser convidado a realizar várias atividades. Em algumas delas, fique atento para as orientações com ícones.

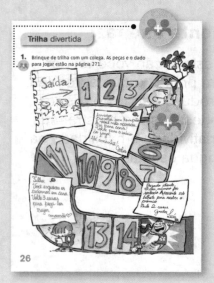

Conheça os significados dos ícones:

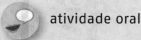 atividade oral

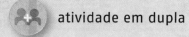 atividade em dupla

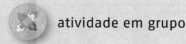 atividade em grupo

Palavra puxa palavra

De uma forma leve, você constrói seu conhecimento dos usos da língua e reflete sobre a gramática.

No curso da letra

Aqui você faz atividades de escrita e vai conhecendo o funcionamento do sistema alfabético.

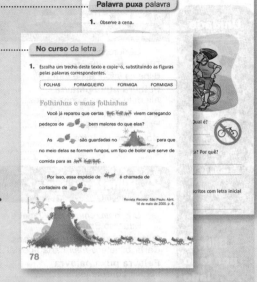

Conversa vai, conversa vem...

Você vai refletir sobre o uso da língua falada em diferentes situações, aprendendo a ouvir e a se expressar de forma adequada.

Sopa de letrinhas

Para trabalhar com a ortografia a partir da observação das palavras e do modo como são escritas.

Raios X da escrita

Nesta seção você sistematiza as estruturas dos textos e pratica a língua escrita nas mais variadas situações.

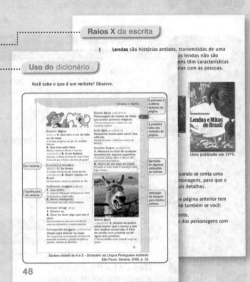

Uso do dicionário

Você vai entender como se consulta um dicionário e saber em que situações usar os significados de determinadas palavras.

Encarte

O final do livro traz um encarte, com imagens, textos, palavras e letras para serem recortados e usados em algumas atividades.

Sugestão de leitura

As unidades trazem sugestões de leitura, com a indicação de materiais impressos que permitem enriquecer os assuntos abordados.

Glossário

Alguns termos e expressões mais complexos são definidos próximos ao texto correspondente, a fim de facilitar a leitura e a compreensão.

Sumário

IMAGEM E CONTEXTO

1. Observe a ilustração e complete a frase com uma das palavras do quadro.

   | REPORTAGENS | LISTAS | BILHETES |

   AS PESSOAS DESSA CASA ESTÃO ACOSTUMADAS A ESCREVER

   E RECEBER _____.

2. Quem escreveu cada bilhete? Recorte os quadros da página 273 e cole-os nos espaços em branco.

3. Qual é a função do bilhete? Em que situações ele pode ser usado? Converse sobre isso com os colegas e o professor.

Um bilhete para você!

Tia Ambrósia tem uma pensão na cidade de Piririca da Serra. Na sala de televisão há um quadro de avisos onde ela e os hóspedes colocam os bilhetes que escrevem uns para os outros.

Eva Furnari/Editora Ática

Caros hóspedes,

Saí com minha sobrinha para visitar um parente. Volto na hora do almoço. Fiquem à vontade.

Tia Ambrósia

Tia,
acordei tarde e a senhora já tinha saído. Vou passar o dia no laboratório. Chego no fim da tarde. Beijos.

Nicolino

Hóspede: pessoa que se instala por algum tempo em hotel, pousada ou outro local, mas não mora lá.

Pensão: pequeno hotel de caráter familiar.

Eva Furnari. *Operação Risoto.* São Paulo: Ática, 2003. p. 22.

1. Preencha a tabela com as informações pedidas.

	Quem escreveu	Para quem era
1º bilhete		
2º bilhete		

2. Escreva **1** para as informações do primeiro bilhete e **2** para as do segundo.

☐ VOU PASSAR O DIA NO LABORATÓRIO.

☐ HÓSPEDES

☐ FUI VISITAR UM PARENTE.

☐ NICOLINO

☐ ACORDEI TARDE.

☐ FIQUEM À VONTADE.

3. Por que Tia Ambrósia escreveu um bilhete para os hóspedes? Converse sobre isso com os colegas e o professor.

4. Com que letra Tia Ambrósia escreveu o bilhete?

☐ LETRA DE IMPRENSA.　　☐ LETRA CURSIVA.

5. Em que período do dia Tia Ambrósia escreveu o bilhete?

☐ DE MANHÃ.　　☐ À NOITE.

☐ NO ALMOÇO.　　☐ ANTES DE DORMIR.

6. Converse com um colega sobre o significado da expressão **fiquem à vontade**.

Diferentes bilhetes

1. Reúna-se com um colega. Analisem cada situação e marquem um **X** nas respostas mais adequadas.

a) Nicolino precisa escrever um bilhete para o chefe do laboratório. Quais seriam os cumprimentos mais adequados?

☐ BOM DIA, SENHOR!

☐ OI, CHEFINHO!

☐ TUDO EM CIMA, CHEFE?

☐ CARO CHEFE,

b) De que maneira Nicolino poderia se despedir do chefe do laboratório no bilhete?

☐ OBRIGADO.

☐ TCHAU!

☐ ATÉ MAIS!

☐ ATÉ LOGO!

2. Neste bilhete há uma expressão que não está adequada à linguagem do texto. Descubram qual é e expliquem o porquê.

PREZADO SENHOR ANTÔNIO,
RECEBA OS PARABÉNS DO PESSOAL DA EMPRESA PELO SEU ANIVERSÁRIO. ACEITE TAMBÉM O ABRAÇO AFETUOSO DE TODOS.
BEIJINHOS!

DEPARTAMENTO DE RECURSOS HUMANOS

Brambilla

a) Marquem com um **X** as palavras que indicam a pouca intimidade entre as pessoas que escreveram o bilhete e o aniversariante.

☐ SENHOR ☐ ABRAÇO ☐ PREZADO

b) Que despedida vocês escreveriam nesse bilhete para ele ficar mais adequado?

_____

3. Para quem você escreveria um bilhete com uma linguagem descontraída? Assinale as alternativas possíveis.

☐ AMIGO ☐ PREFEITO

☐ TIO ☐ DIRETOR DA ESCOLA

4. Escreva **F** no bilhete formal e **I** no informal.

☐

Prezados pais,

Informo que a reunião foi adiada para o dia 20 de março, às nove horas da manhã.
Atenciosamente,

Professor Fernando

☐

Vovó,
A senhora é a melhor avó do mundo!
Te amo!
Beijos,
Mariana

Palavra puxa palavra

1. Escreva um nome de jogo, brincadeira ou esporte que comece com a letra indicada.

A _____

B _____

C _____

D _____

E *esconde-esconde*

F _____

G *golfe*

H *hipismo*

I _____

J _____

K *kart*

L _____

M _____

N _____

O *O mestre mandou*

P _____

Q *quebra-cabeça*

R _____

S _____

T *tangram*

U *Uni, duni, tê*

V _____

W *windsurfe*

X *xadrez*

Y *yan*

Z *ziguezigue*

Alfabeto é o conjunto de letras que usamos para formar as palavras escritas. O alfabeto da Língua Portuguesa tem 26 letras.

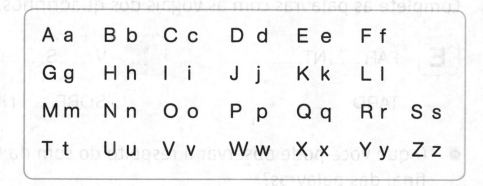

A a   B b   C c   D d   E e   F f

G g   H h   I i   J j   K k   L l

M m   N n   O o   P p   Q q   R r   S s

T t   U u   V v   W w   X x   Y y   Z z

2. Quantas letras aparecem no seu nome?

_____

3. Forme palavras com as letras do quadro.

F   A   C   M   E   I
T   O   N   B   U

_____

_____

_____

As letras **A, E, I, O, U** são chamadas de **vogais**.
As letras **F, C, M, T, N, B** são exemplos de **consoantes**.

4. Reúna-se com um colega. Contem quantas vogais aparecem nas palavras que vocês escreveram.

● Em uma folha à parte, formem outras palavras e contem quantas letras há em cada uma.

15

1. Complete as palavras com as vogais dos quadrinhos.

| E | PAR____NT____ |

| I | V____S____TAR |

TARD____

SOBR____NHA

- O que você pode observar a respeito do som da letra **E** no final das palavras?

_____

2. Reúna-se com um colega. Escrevam outras três palavras com as vogais **E** e **I**.

_____

3. Leia esta tirinha e veja se descobre o que aconteceu com algumas palavras.

Disponível em: <www.monica.com.br/index.htm>. Acesso em: fevereiro de 2008.

- Quais palavras deveriam terminar com a letra **E** mas aparecem escritas com a letra **I**?

_____

4. Ajude o cientista a descobrir as palavras que saíram da máquina.

relógioóculoslivrocopotelefonemicrofone

_____

_____

a) Complete a cruzadinha com algumas dessas palavras.

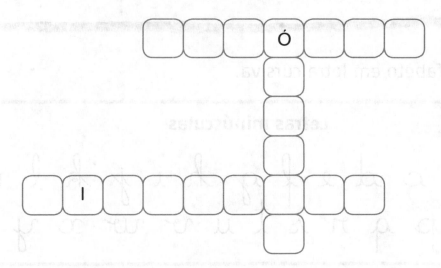

b) Escreva uma palavra que você descobriu que esteja de acordo com as letras pedidas nos quadros.

QUATRO VOGAIS   TRÊS CONSOANTES

_____   _____

No curso da letra

O bilhete de Nicolino para Tia Ambrósia foi escrito com letra cursiva. Observe.

> Tia,
>   acordei tarde e a senhora já tinha saído. Vou passar o dia no laboratório. Chego no fim da tarde. Beijos.
>   Nicolino

Veja o alfabeto em letra cursiva.

Letras minúsculas

a b c d e f g h i j k l m
n o p q r s t u v w x y z

Letras maiúsculas

A B C D E F G H I J K L M
N O P Q R S T U V W X Y Z

18

1. Converse com um colega: quando a letra cursiva é usada? Depois, contem para a classe o que vocês descobriram.

2. Escreva o seu nome com letra cursiva.

- Conte aos colegas quais letras de seu nome você escreveu com letra maiúscula e por quê.

3. Complete o bilhete.

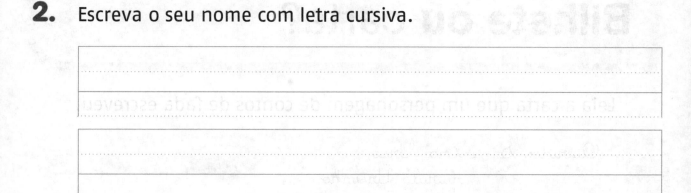

Pe_____, meu fi_____,

cê   ção

Fui trabalhar e volto lá pe_____ três horas

go

da tar_____.

ca

Tem sa_____da, torta de fran_____ e

dra

su_____ para vo_____ almoçar.

la

Faça a li_____, viu?

Mamãe   lho

_____, com amor,

de   las

_____

Beijos

Eliana Delarissa

CAPÍTULO 2

Bilhete ou carta?

Leia a carta que um personagem de contos de fada escreveu.

Queridos Sr. e Sra. Urso,
        querido Ursinho,
    Sinto muito, mas muito mesmo, ter entrado na casa de vocês e ter comido o mingau do Ursinho. Mamãe disse que o que eu fiz é muito feio. E ficou mais brava ainda porque eu nunca como o mingau que ela faz.
    Papai disse que vai consertar a cadeirinha.
    Um beijo,
    Cachinhos Dourados
P. S.: Gostaria muito que o Ursinho viesse à minha festa de aniversário. Vai ter três tipos de gelatina e um bolo com oito velas.

Janet e Allan Ahlberg. *O carteiro chegou.* Tradução de Eduardo Brandão. São Paulo: Companhia das Letrinhas, 2007.

Wilson Jorge Filho

1. Qual é o assunto principal da carta?

☐ AGRADECER O MINGAU.   ☐ PEDIR DESCULPAS.

2. Para quem Cachinhos Dourados escreveu?

_____

3. Que convite a menina faz para o Ursinho?

_____

4. Quantos anos Cachinhos Dourados vai fazer?

_____

5. Na carta, a menina diz que vai ter gelatina e bolo na festa. O que mais poderia ter em uma festa de aniversário?

_____

_____

6. Como você faria para convidar alguém para seu aniversário?

_____

_____

7. Se Ursinho quiser ir ao aniversário da Cachinhos Dourados, ele vai conseguir chegar à casa dela? Explique sua resposta.

_____

_____

8. Por que a mãe da menina ficou mais brava ainda?

☐ PORQUE ELA NÃO COME O MINGAU QUE A MÃE FAZ.

☐ PORQUE ELA NÃO AVISOU QUE IA SAIR DE CASA.

9. O que o pai da Cachinhos Dourados avisou?

☐ ELA NÃO DEVE SAIR SOZINHA.

☐ ELE VAI CONSERTAR A CADEIRINHA.

10. Você gosta de mingau? Como se faz mingau? Tente descobrir alguma receita e traga para a sala de aula de aula.

Outras formas de mensagens

1. Quais são as maneiras mais usadas atualmente para enviar mensagens?

_____

2. Faça a ligação entre as correspondências e suas definições.

CARTA

Ilustrações: Glair Arruda

CARTÃO ILUSTRADO EM QUE SE ESCREVE UMA MENSAGEM CURTA. GERALMENTE É ENVIADO PELO CORREIO.

BILHETE

MENSAGENS PESSOAIS, AVISOS, NOTÍCIAS, PROPAGANDAS, ENTRE OUTROS, ENVIADOS PELA INTERNET.

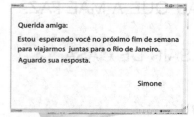

Querida amiga:

Estou esperando você no próximo fim de semana para viajarmos juntas para o Rio de Janeiro.
Aguardo sua resposta.

Simone

E-MAIL

MENSAGEM ESCRITA EM PAPEL, GERALMENTE ENVIADA PELO CORREIO.

CARTÃO-POSTAL

MENSAGEM CURTA. TRANSMITE UM LEMBRETE, UM AVISO.

3. Leia alguns trechos de histórias famosas. Depois desembaralhe os grupos de letras e escreva o nome de cada história.

a) QUANDO A MENINA NASCEU, O REI QUIS DAR UMA GRANDE FESTA. CONVIDOU AMIGOS E PARENTES E ENVIOU CONVITES ÀS DOZE FADAS DO REINO, MENOS A UMA...

DOR	CI	BE	ME	A	LA	A	DA

_____

b) O REI ACHOU QUE JÁ ESTAVA NA HORA DE SEU FILHO SE CASAR. POR ISSO, DEU UMA FESTA QUE DUROU TRÊS DIAS, PARA O PRÍNCIPE ESCOLHER SUA NOIVA. MANDOU UM MENSAGEIRO CONVIDAR PARA O BAILE TODAS AS MOÇAS EM IDADE DE SE CASAR.

CIN	RE	DE	LA

_____

c) ENTÃO O GATO ENTREGOU AO REI UMA MENSAGEM DE SEU AMO E UM PACOTE CHEIO DE PERDIZES.

TAS	O	TO	GA	DE	BO

_____

4. De acordo com as histórias da atividade anterior, o que o mensageiro provavelmente entregou?

☐ UMA CARTA.   ☐ UM CONVITE.

☐ UM CARTÃO-POSTAL.   ☐ UM BILHETE.

23

Palavra puxa palavra

1. Você sabe o que é parlenda? Leia com o professor.

PAPAGAIO LOURO
DO BICO DOURADO
LEVA-ME ESTA CARTA
Ó, MEU BEM,
AO MEU NAMORADO

Parlenda popular.

a) Copie da parlenda uma palavra que comece com estas letras.

 C _____   **P** _____

b) Escreva outras palavras que comecem com as letras **C** e **P**.

_____

c) Escreva as letras do alfabeto que vêm antes e depois de:

_____ **C** _____   _____ **P** _____

2. Complete a cantiga com as letras que faltam.

PETECA (MELODIA: CIRANDA CIRANDINHA)

PE___E___A, PETEQUINHA

VOA, ___OA PELO AR

___EPOIS NA MINHA MÃOZINHA

LOGO, ___OGO VEM ___ARAR.

Tânia Dias Queiroz e Leila Maria Grillo. *Origami & folclore*.
São Paulo: Êxito, 2003. p. 94.

3. Reúna-se com um colega. Escrevam três palavras:

a) com três consoantes cada uma.

_____

b) que tenham mais vogais do que consoantes.

_____

4. Acrescentar uma letra a uma palavra pode mudar seu significado. Acrescente a letra **N** depois da primeira vogal e veja como cada palavra se transforma.

POTE _____   SETA _____

TATO _____   MATO _____

● Você conhece outras palavras que mudam de significado quando acrescentamos o **N** ao final da primeira sílaba? Quais?

_____

5. Que palavras da atividade anterior podem completar estas frases?

a) AS CRIANÇAS ABRIRAM O _____ E COMERAM OS CHOCOLATES.

b) O REI E A RAINHA VESTIRAM O _____ PARA SE APRESENTAR NO BAILE.

c) O PRÍNCIPE PEGOU O SEU ARCO-E-FLECHA E APONTOU A

_____ PARA O ALVO.

d) A PRINCESA ATRAVESSOU A _____ PARA SE ENCONTRAR COM O PRÍNCIPE.

25

Trilha divertida

1. Brinque de trilha com um colega. As peças e o dado para jogar estão na página 271.

Biry Sarkis

Saída!

Amigo,
Esperei um tempão
& Você não apareceu.
Fui para casa!
Volte para o início
do jogo.
Até amanhã! Carlos

Filho,
Você esqueceu os
cadernos em casa.
Volte 3 casas
para pegá-los.
Beijos,
mamãe ♡

Prezada cliente,
O seu número foi
sorteado. Apresente este
bilhete para receber o
prêmio.
Pule 2 casas.
Grato, Luís

Sopa de letrinhas

1. Copie as parlendas aplicando corretamente os espaços entre as palavras.

a) ERAUMAVEZ
UMGATODERABOXADREZ
QUERQUEEUCONTEOUTRAVEZ?

Parlenda popular.

_____

_____

_____

b) FU I À CO ZI NHA
TO MAR CA FÉ
A DA NA DA DA PUL GA
MOR DEU O MEU PÉ.

Parlenda popular.

_____

_____

_____

_____

Ilustrações: Teresa Berlinck

28

2. Escreva os versos da cantiga que foram digitados incorretamente, corrigindo-os.

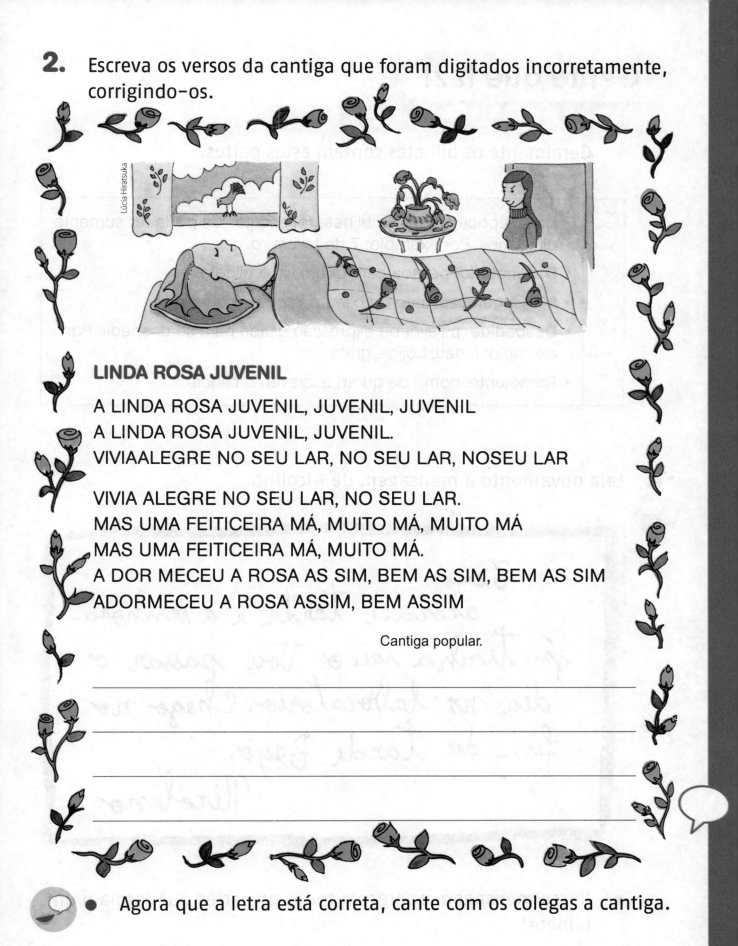

LINDA ROSA JUVENIL

A LINDA ROSA JUVENIL, JUVENIL, JUVENIL

A LINDA ROSA JUVENIL, JUVENIL.

VIVIAALEGRE NO SEU LAR, NO SEU LAR, NOSEU LAR

VIVIA ALEGRE NO SEU LAR, NO SEU LAR.

MAS UMA FEITICEIRA MÁ, MUITO MÁ, MUITO MÁ

MAS UMA FEITICEIRA MÁ, MUITO MÁ.

A DOR MECEU A ROSA AS SIM, BEM AS SIM, BEM AS SIM

ADORMECEU A ROSA ASSIM, BEM ASSIM

Cantiga popular.

_____

_____

_____

_____

● Agora que a letra está correta, cante com os colegas a cantiga.

Gente que faz!

Geralmente os bilhetes contêm estas partes.

- **Data:** época em que o bilhete foi escrito. Ela pode ter somente dia e mês. Por exemplo: 7 de fevereiro.
- **Destinatário:** pessoa para quem vai o bilhete.
- **Mensagem:** assunto do bilhete, o que se quer dizer.
- **Despedida:** palavra ou expressão usada para se despedir. Por exemplo: tchau, beijos, grato.
- **Remetente:** nome de quem escreveu o bilhete.

1. Leia novamente a mensagem de Nicolino.

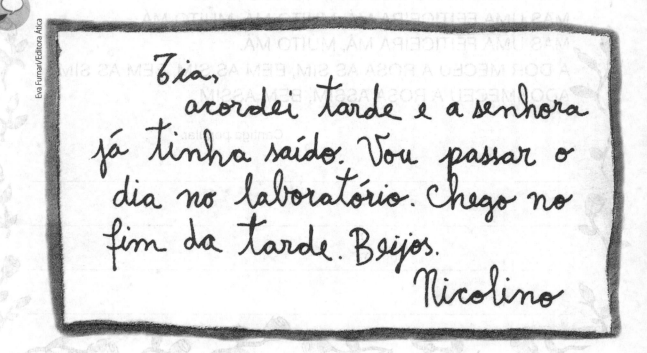

Tia,

acordei tarde e a senhora já tinha saído. Vou passar o dia no laboratório. Chego no fim da tarde. Beijos.

Nicolino

- Nessa mensagem aparecem todas as partes que formam um bilhete?

2. Recorte as informações da página 273. Com elas, monte o bilhete neste papel de carta.

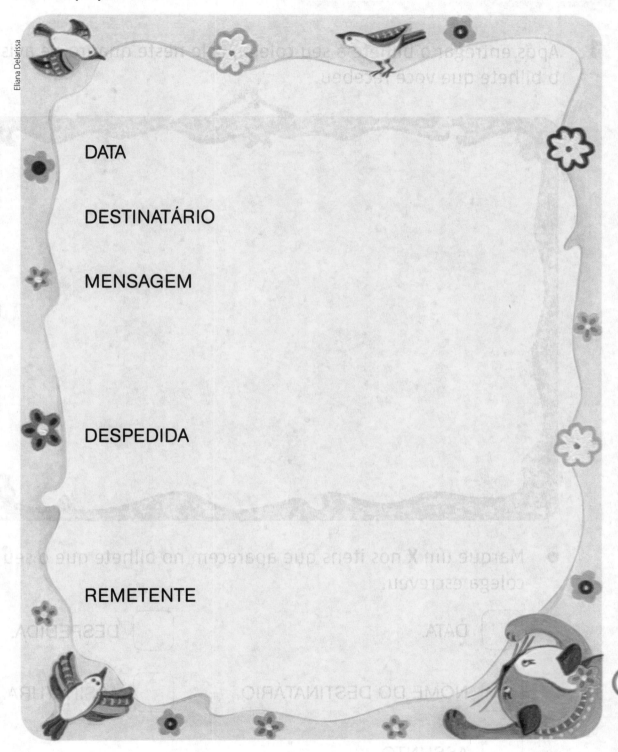

DATA

DESTINATÁRIO

MENSAGEM

DESPEDIDA

REMETENTE

3. Recorte o papel de carta da página 269 e escreva um bilhete para um colega da classe.

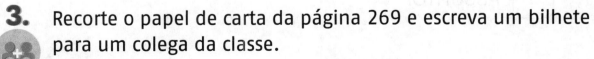

1. Após entregar o bilhete a seu colega, cole neste quadro de avisos o bilhete que você recebeu.

● Marque um **X** nos itens que aparecem no bilhete que o seu colega escreveu.

☐ DATA.

☐ DESPEDIDA.

☐ NOME DO DESTINATÁRIO.

☐ ASSINATURA.

☐ ASSUNTO.

2. Leia para seu colega o bilhete que ele escreveu para você.

3. Compare os dois bilhetes e responda: qual texto está mais fácil de entender, o seu ou o de seu colega?

_____

_____

a) Compare sua resposta com a de seu colega: vocês marcaram os mesmos itens? Por quê?

_____

_____

b) Se as respostas estão diferentes, conversem, para que cada um ouça a explicação do outro.

4. Complete este bilhete.

Quarta-feira, 27

André,

Termine a lição e arrume seu quarto, antes de

Não se esqueça de que você vai jantar com

Beijinhos,

33

Conversa vai, conversa vem...

Você já ouviu falar de uma vela que nunca derrete? Então leia esta história...

... era uma vez uma velha mulher, dona Marta, e um velho homem, seu Arnaldo.

Seu Arnaldo já estava muito velho e dona Marta passava os dias fazendo as coisas para ele. Dona Marta ia às compras, cuidava da casa, das roupas – e tudo o que o seu Arnaldo podia fazer era ir da cama para a poltrona e da poltrona para a cama.

Toda noite, para iluminar a sala, dona Marta acendia uma vela.

Aconteceu que um dia dona Marta e seu Arnaldo notaram que a vela estava acesa desde a tardinha e não derretia, não acabava. Seu Arnaldo tentou apagar a vela; nada. Chamaram até os bombeiros – e nada.

No dia seguinte, a vela continuava acesa, mas havia um bilhete do lado. Quando seu Arnaldo e dona Marta começaram a ler o bilhete, o autor do livro, já um pouco cansado, pensou: "Chega! Vou parar aqui", e...

Marcelo Cipis. *Era uma vez um livro.*
São Paulo: Companhia das Letrinhas, 2002.

Lúcia Hiratsuka

1. Reúna-se com dois colegas. Sem escrever, criem um final para a história e depois contem para a classe.
Ao inventar os acontecimentos, pensem nestas perguntas.

a) O que estaria escrito no bilhete?

b) Por que a vela não derretia?

2. Para finalizar, escrevam o bilhete.

┌─ SUGESTÃO
└─ DE LEITURA

A festa das palavras, de Katia Canton, Girafa.

Chorinho de riacho e outros poemas para cantar, de Neusa Sorrenti, Formato.

Asa de papel, de Marcelo Xavier, Saraiva.

REDE DE IDEIAS

ORGANIZAR

1. Neste bilhete algumas palavras estão grudadas em outras.
Descubra o que precisa ser corrigido e escreva o texto.

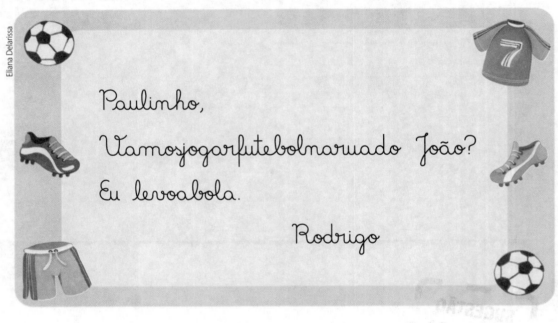

Eliana Delarissa

Paulinho,

Vamosjogarfutebolnaruado João?
Eu levoabola.

Rodrigo

_____

_____

_____

_____

2. Escreva palavras completando as lacunas com vogais.

B__L__   M__L__   B__T__

36

3. Paulinho respondeu ao bilhete do amigo, mas separou algumas palavras indevidamente. Marque o que deve ser juntado.

> Rodrigo,
>
> Va mos! En contro vo cê de pois da aula.
>
> Paulinho

REFLETIR

4. Troque a letra colorida e forme novas palavras.

DENTE

MATA

5. Desafio! Escreva três palavras formadas por duas vogais e duas consoantes.

AMPLIAR

6. Pense no trajeto da escola até sua casa. Em que locais você vê palavras escritas?

7. Quais são as semelhanças e diferenças entre convite e bilhete? Converse com os colegas e o professor.

UNIDADE 2

Vender? Trocar? É só anunciar!

QUADRO DE ANÚNCIOS

Troco um par de patins azuis, tamanho 33, por um skate.

Falar com Paulo – 2º ano – tarde
Telefone: 2233-2233

Troco um livro com dez contos de fadas por um livro de lendas.

Falar com Micaela – 5º ano B
Telefone: 1122-3344

Troco uma mesinha de madeira com duas cadeiras por uma prancheta de desenho.

Falar com Viviane do 4º andar.
Telefone: 5555-4411

Troco uma coleção de gibis de super-heróis por um DVD de desenhos animados.

Falar com Roberto, 1º ano, turma da manhã.
Telefone: 8080-4444

FEIRA DE TROCAS

IMAGEM E CONTEXTO

1. Na escola em que você estuda há um espaço para os alunos anunciarem produtos para troca?

   - Na sua opinião, qual é a utilidade de um painel de anúncios de troca?

2. Como são chamadas essas mensagens do mural?

   ☐ RECEITAS　　☐ CLASSIFICADOS　　☐ PROPAGANDAS

3. Qual das trocas anunciadas você faria? Por quê?

_____

_____

CAPÍTULO 1

Quer comprar ou trocar?

Caso você queira comprar ou trocar um objeto, o que pode ser feito para avisar as pessoas?

Você já viu algum texto como este? Onde?

CLASSIFICADOS

VENDO

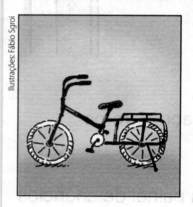

Ilustrações: Fábio Sgroi

BICICLETA – aro 12
Pneus em bom estado.
Único dono.
Falar com Cláudio.

Tel.: 5043-4928

CARRINHO DE ROLIMÃ
Verde, com rodas de borracha – tem breque.
Falar com Regina.

Tel.: 9312-7756

TROCO

URSO DE PELÚCIA
por carrinho de controle remoto.
Ligar para Cíntia.

Tel.: 5044-2929

PATINETE
por bicicleta (pode ser sem marchas).
Único dono – bom estado.
Falar com Tomás.

Tel.: 4551-8776

OUTROS

SALGADOS PARA FESTA – grande variedade e preço bom.
Encomendas com Larissa.

Tel.: 5445-8921

ENFEITES PARA FESTA
Grande variedade de temas – montamos a festa na sua casa.
Tratar com Renato.

Tel.: 5683-6789

1. Na sua opinião, qual é a utilidade da seção de classificados? Converse com os colegas e o professor.

2. Como os anúncios da página anterior estão organizados? Por quê?

_____

_____

_____

3. Respondam: quem lê os classificados?

_____

_____

4. Onde é possível encontrar classificados?

☐ REVISTAS ☐ JORNAIS ☐ CD ☐ INTERNET

5. O que você observou nos classificados que leu?

☐ OS CLASSIFICADOS TÊM UM TÍTULO EM DESTAQUE.

☐ OS CLASSIFICADOS SEMPRE INDICAM COMO FAZER CONTATO COM A PESSOA QUE ANUNCIA.

☐ OS CLASSIFICADOS SÃO TEXTOS LONGOS.

☐ OS CLASSIFICADOS NÃO DÃO INFORMAÇÕES SOBRE O PRODUTO ANUNCIADO.

☐ OS CLASSIFICADOS USAM UMA LINGUAGEM FÁCIL DE ENTENDER.

6. Você gostaria de anunciar algum objeto? Qual? O que gostaria de vender ou trocar?

41

Classificados em poema

O autor Elias José utilizou a ideia dos classificados para criar um poema. Veja como ele fez.

Coisas dispensáveis

Quem quiser comprar eu vendo:

um gato que deixa o rato sossegado
uma vaca que só berra em shopping
um gnomo que foge da floresta
uma borboleta que só fica parada
um palhaço que chora e faz chorar
um mágico desligado dos sonhos e fantasias
um sapo que se recusou a virar príncipe
um príncipe que sonha em ser um sapo
uma princesa que se nega a entrar na história
um passarinho que detesta cantigas e cantores
uma feiticeira boa que vive dando conselhos
um mocinho de cinema que não anda a cavalo.

Eu vendo, troco, empresto, dou,
pois não servem mesmo pra nada!

Elias José. *Um jeito bom de brincar*.
São Paulo: FTD, 2002. p. 9.

Dispensável: algo que não é muito importante, não é fundamental.

1. O texto fala de seres que alguém não quer mais. Por que eles foram considerados dispensáveis?

_____

_____

2. Converse com os colegas sobre estas questões.

a) Qual é o problema com o gato?

b) O que acontece com a princesa?

c) Que nome você daria a uma feiticeira boa?

3. Escreva estes versos do poema, de acordo com as ilustrações.

a) "UM GATO QUE DEIXA O RATO SOSSEGADO"

Ilustrações: Márcia Széliga

_____

b) "UM PALHAÇO QUE CHORA E FAZ CHORAR"

_____

43

Palavra puxa palavra

Você já aprendeu que alfabeto é o conjunto de letras que usamos para formar as palavras. Essas letras aparecem sempre na mesma ordem, que é chamada de **ordem alfabética**.

1. Na sua opinião, qual é a utilidade da ordem alfabética? Converse com os colegas e o professor.

2. Ligue os pontos seguindo a ordem alfabética. Você descobrirá um meio de transporte bastante anunciado em classificados.

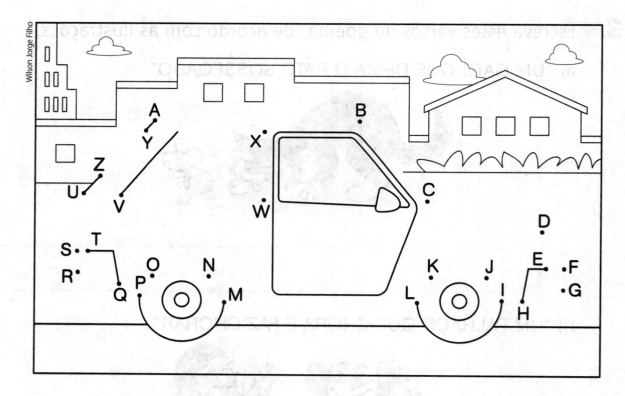

Wilson Jorge Filho

● Pinte as palavras usadas para nomear esse meio de transporte.

CARRO	BICICLETA	MOTOCICLETA
AUTOMÓVEL	VEÍCULO	ÔNIBUS

3. Escreva em ordem alfabética as palavras que você pintou.

_____

● Quais dessas palavras terminam com a mesma letra?

_____

4. Observe as palavras que você não pintou.

a) Quais delas têm a mesma terminação?

_____

b) Qual delas termina com a letra **S**?

_____

5. Circule no diagrama os nomes de seis objetos que podem ser anunciados em classificados.

T	E	G	Y	G	E	L	A	D	E	I	R	A	T
Ê	U	I	D	P	L	K	J	A	T	Q	A	E	E
N	F	R	Z	O	H	N	T	E	C	L	A	D	O
I	U	G	U	T	E	L	E	F	O	N	E	E	Z
S	G	T	I	H	J	O	C	A	M	A	P	L	F
J	H	H	K	J	N	G	L	A	X	I	A	O	O
Y	B	I	C	I	C	L	E	T	A	I	A	N	N

a) Quais dessas palavras começam com a mesma letra?

_____

b) Escreva as palavras que terminam com a mesma letra.

_____

45

Sopa de letrinhas

1. Escreva os nomes das figuras na primeira coluna.

	Coluna 1	Coluna 2
Ilustrações: Wilson Jorge Filho		

- Escreva as palavras na segunda coluna, substituindo **D** por **T** e **T** por **D**.

2. Complete as frases com as palavras **QUANTO**, **QUANDO**, **QUATRO** ou **QUADRO**.

a) _____ VOCÊ FOI EMBORA, EU FIQUEI TRISTE.

b) _____ VOCÊ GASTOU NAS COMPRAS?

c) VOU COMPRAR UM _____ NO SÁBADO.

d) O MÊS SÓ TERMINA DAQUI A _____ DIAS.

3. Reúna-se com um colega e leiam o anúncio em destaque. Nele há um desafio.

CLASSIFICADOS

VENTO UM QUATRO COM UMA PINDURA FEIDA POR UM PARENDE TA FAMÍLIA REAL PORDUGUESA.

DELEFONE: 3363-6336

Fábio Sgroi

● Trocaram as letras **T** e **D** nesse classificado! Copiem o anúncio escrevendo corretamente as palavras.

_____

_____

_____

_____

_____

Uso do dicionário

Você sabe o que é um verbete? Observe.

Saraiva

branco ⬌ **burro**

> **O primeiro e o último verbetes da página.**

a **b** c d e f g h i j k l m n o p q r s t u v w x y z

> **A primeira letra dos verbetes da página.**

branco (bran.co)

adjetivo **1. Que tem a cor do leite ou da neve.**
A menina comprou um par de sandálias brancas.
2. Que tem pele clara.
Bianca é branca e Bruna é morena.
substantivo **3. A cor branca.**
Será que o branco da pena do cisne é mais branco do que o branco da pena da garça?

> **Um verbete.**

brasileiro (bra.si.lei.ro)
adjetivo **1. Do Brasil.**
As praias brasileiras são muito bonitas.
substantivo **2. Quem nasceu no Brasil.**
Os brasileiros vivem na América do Sul.

brilhante (bri.lhan.te) *adjetivo*
1. Que brilha.
As pequenas lâmpadas brilhantes de Natal iluminaram a cidade toda.
2. Muito inteligente.
O cientista teve uma ideia brilhante!

> **Significados do verbete.**

brincar (brin.car) *verbo*
1. Divertir-se.
2. Dizer ou fazer algo que não é sério.
Bárbara brincava com sua irmã Betina: uma era enfermeira e a outra, paciente.

brinquedo (brin.que.do) *substantivo*
Objeto para brincar ou jogar.
Na cooperativa, os brinquedos são feitos de materiais reciclados: garrafas de plástico, papelão, latinhas de alumínio.

bruxa (bru.xa) *substantivo*
Personagem de contos de fadas que possui poderes mágicos.
A bruxa atravessou a cidade com sua vassoura voadora.

bule (bu.le) *substantivo*
Recipiente usado para servir chá, café etc.
Mamãe arrumou o bule e as xícaras na bandeja.

buraco (bu.ra.co) *substantivo*
1. Abertura ou furo de qualquer tamanho em alguma superfície.
A menina curiosa espiou a sala ao lado pelo buraco da fechadura.
2. Nome de um jogo de cartas.
A família se reúne todos os domingos para jogar buraco.

> **Exemplos de algumas utilizações do verbete.**

ImageLibrary/OtherImages

burro (bur.ro)
substantivo **1. Animal de quatro patas menor que o cavalo e que tem orelhas compridas. É filho de cavalo com jumenta ou de égua com jumento.**
O burro trabalha muito levando carga no lombo.

> **Utilização de imagem para ilustrar verbete.**

33

Saraiva infantil de A a Z – Dicionário da Língua Portuguesa ilustrado.
São Paulo: Saraiva, 2006. p. 33.

1. Essa página de dicionário mostra palavras iniciadas pela letra **B**.

a) Depois dessa letra, qual será a próxima apresentada?

_____

b) Como você chegou à resposta anterior?

_____

_____

2. Ligue cada frase ao significado correspondente da palavra **BURRO**.

> MEU PAI COMPROU
> UM BURRO MARROM.

> BOBO, QUE NÃO TEM
> ATITUDES INTELIGENTES.

> TODO SER HUMANO
> É INTELIGENTE;
> NINGUÉM É BURRO.

> ANIMAL DE QUATRO PATAS.

• Converse com os colegas e o professor sobre o significado da expressão destacada nesta frase.

> NAQUELA EMPRESA, AS PESSOAS ESCREVEM
> BILHETES **PRA BURRO!**

3. Veja o significado de **verbete**.

> **VERBETE**: O NOME DE CADA PALAVRA OU
> VOCÁBULO DE UM DICIONÁRIO, ACOMPANHADO
> DE SEUS SIGNIFICADOS.

• Quantos verbetes há na página 48? ☐

Fábio Sgroi

49

Classificados dos bichos

Será que os bichos também colocam anúncios em jornais?
Alguns autores imaginam que isso é possível. Leia estes poemas.

Sonho meu

Girafa com a cabeça nas nuvens
procura por um beija-flor
para contar estrelas
e viver de amor.

Ai que preguiça!

Lesma preguiçoooooooosa
deseja prosa
com um bicho-preguiça
também bem bem bem devagar
Tenho casa própria
e telefone celular.

Prosa: conversa.

Almir Correia. *Anúncios amorosos dos bichos.*
São Paulo: Biruta, 2005.

Ilustrações: Brambilla

1. Preencha a tabela com as informações pedidas.

	Girafa	Lesma
Procura por		
Objetivo		

2. Marque com um **X** o significado da expressão **com a cabeça nas nuvens**.

☐ DISTRAÍDO, QUE SONHA ACORDADO.

☐ SÉRIO, CONCENTRADO.

3. Responda.

a) Por que a palavra **preguiçoooooooosa** foi escrita dessa maneira?

_____

_____

b) Por que o autor repetiu a palavra **bem** neste trecho?

> "com um bicho-preguiça
> também bem bem bem devagar"

_____

_____

1. Conte o que há em cada cena, descrevendo os brinquedos que aparecem. Veja o exemplo.

Ilustrações: Brambilla

O menino viu o anúncio de um carrinho com controle remoto. O brinquedo é vermelho e tem as rodas prateadas. É um carro novo, lindo!

_____

_____

_____

_____

_____

_____

_____

_____

2. Escreva um anúncio classificado para cada objeto. Você pode escolher se quer vender ou trocar cada item.

URSO DE PELÚCIA

_____

_____

_____

_____

_____

_____

BICICLETA

_____

_____

_____

_____

_____

_____

1. Junte os círculos de cores iguais, formando palavras.

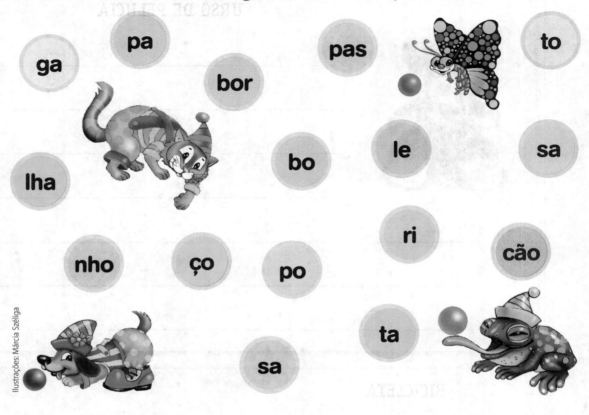

Ilustrações: Márcia Széliga

_____

_____

| Cada parte que você usou para formar as palavras é uma **sílaba**.

● Observe as palavras que você formou. Escreva quantas palavras têm o número de sílabas indicado.

☐ UMA SÍLABA.   ☐ TRÊS SÍLABAS.

☐ DUAS SÍLABAS.   ☐ MAIS DE TRÊS SÍLABAS.

2. Separe as sílabas destas palavras.

CAMISOLA _____

BONECA _____

TROCA _____

3. Brinque de **STOP** com os colegas. Para isso, sigam as orientações.

- Cada aluno escreve uma palavra em cada item da tabela.
- O primeiro que completar todos os itens diz **STOP**. Os outros devem parar de escrever.

Nome de animal com duas sílabas	Nome de pessoa com três sílabas
_____	_____

Material escolar com quatro sílabas	Fruta com duas sílabas
_____	_____

Flor com quatro sílabas	Cidade com três sílabas
_____	_____

Parte do corpo com uma sílaba	Peça de roupa com duas sílabas
_____	_____

- Se dois ou mais colegas escreverem a mesma palavra, cada um ganha **5 pontos**.
- Quem escrever uma palavra não repetida ganha **10 pontos**. Boa diversão!

55

Classificados que são uma festa!

Os classificados podem oferecer diferentes tipos de serviços. Veja um classificado com um tema especial: festa.

Parque da Mônica

Festa de aniversário no Parque da Mônica!

Esta data super especial merece uma festa no Parque da Mônica! Traga seu filho e os amiguinhos para um mundo de diversão!

Este anúncio vale 1 kit da Turma para o aniversariante.

parque da mônica.

shopping eldorado · São Paulo · SP

www.pittibrant.com.br

Revista *Veja São Paulo*.
São Paulo: Abril, 16 de maio de 2007.

1. Qual é a função desse classificado?

☐ VENDER PRODUTOS.

☐ ANUNCIAR A TROCA DE OBJETOS.

☐ OFERECER SERVIÇOS.

2. Quem se interessaria por esse classificado? Por quê?

_____

_____

3. Na sua opinião, o uso de fotografias ou ilustrações nos classificados é importante? Por quê?

4. Observe a imagem. Depois, crie um classificado sobre o serviço oferecido.

PALHAÇO

_____

_____

_____

_____

_____

_____

_____

57

1. Observe as figuras e leia os pares de palavras.

Ilustrações: Wilson Jorge Filho

BOTE

POTE

BOMBA

POMBA

a) Qual é a letra inicial das palavras à esquerda?

_____

b) Por qual letra ela foi trocada nas palavras à direita?

_____

c) Você observou, mais uma vez, que a alteração de uma letra de uma palavra pode mudar seu significado. Converse sobre isso com o professor e os colegas.

2. Escreva palavras com as sílabas do quadro. Atenção: cada palavra deverá ter a letra **P** ou **B**.

BA	PE	BU	BO	ZI	PA	GAI	NÉ
CA	NA	EI	PO	RO	LEI	O	RA

_____

_____

3. Copie os trava-línguas deixando espaços necessários entre as palavras.

a) PEDROPEREIRAPEDROSAPEDIUPASSAGEMPARAPIRAPORA.

Ilustrações: Wilson Jorge Filho

_____

_____

_____

_____

b) BO TE A BO TA NO BO TE E TI RE O PO TE DO BO TE.

_____

_____

_____

_____

Os classificados podem ser encontrados em quadros de avisos, jornais, revistas, internet. Eles servem para anunciar a venda, a compra ou troca de mercadorias e serviços.

Observe estes classificados.

Jornal O Povo de Fortaleza (CE)

FESTAS E BUFFETS

BUFFET 4243-5675
quer festa? ✆ 5091-3742

BUFFET 1526-4229
—— Boa Gastronomia! ——
Fazemos em domicílio sua festa social (café, almoço, jantar, 15 anos, formatura, casamento). Empresarial (coffe breaks, confraternizações, feiras). C/ qualidade e sofisticação. Aceitamos cartões! ✆ 6988-5628

BUFFET 6229-5083
Régia's Buffet: Bolos artísticos, chocolates!! ✆ 4826-7861

BUFFET 2250-3447
O Sertanejo faz eventos, aniversários, lançamentos, congressos, reuniões. Pamonhas, bolos, canjicas, tapiocas, cocadas, sucos, etc...✆ 8811-1111

BUFFET 3288-7066
Buffet completo R$ 12,00 por pessoa.

BUFFET 9252-2616
Buffet completo em seu espaço, R$ 13 por pessoa.

BUFFET 7795-3285
Completo e lembrançinhas em geral. ✆ 3778-0875

BUFFET 7298-5162
Fazemos sua festa c/ requinte/ qualidade.

BUFFET 4491-6608
Festa Buffet- Promoção! Buffet completo.

CHICOS! 8247-1575
RR Diversão:Tobogã,cama,algodão, piscina,mesas,cadeiras ✆ 6694-5816

ALUGA 7223-5675
Aluguel material c/ cheque p/ 30 dias ✆ 4091-1742.

ALUGA 2239-2157
L. F. Festas-mesas, toalhas, etc. Encomendas de salgados, tortas.✆ 5742-9073

ALUGA 8846-2595
Carol Festas-Cadeiras, Mesas, Pratos e Toalhas!!!

ALUGO 4283-4914
Depósito das Festas - mesas, cadeiras, freezer. Novo número: ✆ 2256-0352

ALUGUE 9257-4044
Cenários infantis e brinquedos e ganhe pizza.

ALUGUEL 4883-1740
Folia. Mesas e cadeiras, preço promocional de inauguração e tele-entrega.

BRINQUEDO 4082-2560
Pacotes promocionais.Pula-pula c/touro, cama elástica e piscina de bolas.

BRINQUEDO 6278-1578
Pula-pula , cama elástica, etc. e lindas lembranças p/ sua festa. Preço especial. 2200-0022 ✆ 4974-3577.

BRINQUEDOS 6482-7149
Cama elástica, kit brinquedo.Divirta-se! ✆ 4929-8661

BRINQUEDOS 6492-1971
Pula-pula , Cama elástica, piscina bolas ✆ 0735-1086

CADEIRAS
Tia Val- Material para festa. 4226-9145

VEÍCULOS

DUPLA AUTOS

2008 7258-7100
Golf 08 SportLine 1.6 Flex mecânico.✆ 8101-9006.
Filiado ao SINDIVEL

2008 3881-1800
1.6 Sportline, flex, 5.000km, couro, sensor de ré.

1993 5241-2762
Kombi 93, carroceria, em bom estado, motor novo na garantia, gasolina. Particular. ✆ 3726-0477

CARROS CLÁSSICOS

1996 5261-7878
Kombi furgão, c/ kit-gás. Troco/ financio.
Filiado ao SINDIVEL

VEÍCULOS antigos

1996 2481-3000
Kombi c/ GNV, troco.
Filiado ao SINDIVEL

1997 4226-2142
Passageiro, c/ gás, financio.

Shopping dos carros
José Bastos

1998 R$ 18.500
Kombi, 97/98, cor branca. ✆ 8482-2937.

1998 8258-8888
Veículos vende Kombi ano 98, conservada.

IMÓVEIS

3 QUARTOS 2223-4200
Desocupado, 3 qtos, 2 stes mais DCE, 2 vgs, 8° andar, lado sombra ✆ 6877-8733

Sinal R$
30.587
J. TÁVORA 7242-8282
Equatorial: 116 m², 3 stes, varandão, 2 por andar, 3 vgs, piscina, lazer. Sinal R$ 30.587, 70 x R$ 1.520, chaves R$ 40.750, balões R$ 15.290. Pronto: Abril/08 (621J). ✆ 4981-6062.

2 QUARTOS R$ 195.000
Próximo a Dom Luis, apto duplex, todo mobiliado, nascente, andar alto, 82m², 2 sts, lavabo, 2 vgs, facilito pagamento (4924). 9148-2569/ ✆ 7082- 8337.

Perfeito para sua família!
2 QUARTOS 2094-3205
(AP-0008) Aptº condomínio fechado, próximo Av. Washington Soares, 1º andar, 2 suítes, móveis projetados, lavabo, sala, cozinha, 2 vagas, área de lazer. (4533) ✆ 7171-1494.
Ceará Rede Imóveis

2 QUARTOS R$ 200.000
Aline- próximo prala portugal, Ed. Manhattan, 125m², 1 ste, vista mar. (4070) 1221-0000/ ✆ 4998-5090.

1 QUARTOS R$ 213.000
Aline- vista mar, 67m², 2 vgs, 11º, 2 suítes, piscina, sauna, academia. (4070). 9112-3456/ ✆ 5998-5090.

DIVERSOS

INSTRUMENTOS MUSICAIS

INSTRUMENTOS 8211-0077
Compra, venda, troca instrumentos musicais

TECLADO 7226-0681
Vendo PSR 550, caixa, nota fiscal, manual. R$ 1.600

VIOLÃO 4265-4949
Lindo violão Marquês, elétrico, com acessórios.

JOIAS

CONSERTO 6983-3651
Joias e compro Cautelas CEF. ✆ 5336-1220.

RELÓGIO 5947-7407
Relógio Nike C5, zerado! ✆ 4416-1280.

RELÓGIOS 2318-1750
Mido Commander, R$1.200. Ômega Constelation. R$1.500. Zerados!!!

LIVROS/ REVISTAS/ CDS E FITAS

CD 9226-1430
Cópia CD, DVD e VHS. VHS p/ DVD. LP, K7 e MD p/ CD. Silk e Impressão no CD. Box e capa. Microcópia.

CD/LIVRO 6283-4422
Arte e Ciência-Compramos usados.✆ 7214-5223

CD'S 4432-2112
CD's e DVD's. Compro e Vendo. ✆ 7612-7089

ALIMENTOS/ BEBIDAS

QUENTINHAS 8236-3661
Fornecemos quentinhas, Marmitaria paulista, fazemos entrega. R Joaquim 1001, Carlito Pamplona.

ANIMAIS DOMÉSTICOS PROD. E SERV.

ADESTRA 7108-4492
Seu xodó:Late, sobe, destrói, morde, cava, suja? Obediência, guarda.Olivier

COFAP 5361-2915
Lindos filhotes, vacinados, c/ pedigree, direto do canil.

COSAT R$ 180
Lindo filhote de teckel, c/ 50 dias. ✆ 9262-4776.

DOGO 2719-4487
Vendo filhote de Dogo argentino, com pedigree.

JOIAS

CONSERTO 7983-3651
Joias e compro Cautelas CEF. ✆ 9413-2010.

RELÓGIOS 4318-1750
Mido Commander, R$1.200. Ômega Constelation. R$1.500. Zerados!!!

Em geral, os classificados têm as seguintes informações:

- Nome do produto ou tipo de serviço (em destaque).
- Características do produto (cor, estado de conservação, marca, modelo) ou do serviço (qualidade, variedade, preço).
- Nome da pessoa com quem se deve falar.
- Número de telefone para contato.

1. Você vai produzir um classificado. Para isso, siga as orientações.

- Defina que produto ou serviço você quer anunciar. Você pode oferecer algo que possui ou alguma habilidade sua, por exemplo, fazer brinquedos com sucata e montar pipas.
- Pense nas características desse produto ou serviço: como é, sua utilidade, que características você deseja realçar.
- Escolha se você quer vender, comprar ou trocar.
- Escreva o seu nome e um número de telefone para contato.

Fábio Sgroi

1. Você e mais três colegas farão o jogral do poema **Coisas dispensáveis**, de Elias José. Para isso, sigam as instruções.

- Cada pessoa do grupo escolhe um número (1, 2, 3 ou 4) e, na sua vez, declama o verso correspondente.

- Todos declamam ao mesmo tempo os versos marcados com a palavra TODOS.

COISAS DISPENSÁVEIS

TODOS QUEM QUISER COMPRAR EU VENDO:

1 UM GATO QUE DEIXA O RATO SOSSEGADO

2 UMA VACA QUE SÓ BERRA EM SHOPPING

3 UM GNOMO QUE FOGE DA FLORESTA

4 UMA BORBOLETA QUE SÓ FICA PARADA

Fábio Sgroi

1 UM PALHAÇO QUE CHORA E FAZ CHORAR

2 UM MÁGICO DESLIGADO DOS SONHOS E FANTASIAS

3 UM SAPO QUE SE RECUSOU A VIRAR PRÍNCIPE

4 UM PRÍNCIPE QUE SONHA EM SER UM SAPO

1 UMA PRINCESA QUE SE NEGA A ENTRAR NA HISTÓRIA

2 UM PASSARINHO QUE DETESTA CANTIGAS E CANTORES

3 UMA FEITICEIRA BOA QUE VIVE DANDO CONSELHOS

4 UM MOCINHO DE CINEMA QUE NÃO ANDA A CAVALO.

TODOS EU VENDO, TROCO, EMPRESTO, DOU,

TODOS POIS NÃO SERVEM MESMO PRA NADA!

Elias José. *Um jeito bom de brincar*. São Paulo: FTD, 2002. p. 9.

SUGESTÃO DE LEITURA

Classificados poéticos, de Roseana Murray, Companhia Editora Nacional.

No tempo em que a televisão mandava no Carlinhos..., de Ruth Rocha, FTD.

João Felizardo – O rei dos negócios, de Angela-Lago, Cosac Naify.

REDE DE IDEIAS

ORGANIZAR

1. Complete a página dos classificados colocando os títulos dos anúncios em ordem alfabética.

SELO   CHAVEIRO   BICICLETA   QUEBRA-CABEÇA BOLA
LIVRO   RÁDIO   FIGURINHAS   PAPEL DE CARTA

CLASSIFICADOS

VENDO	TROCO	COMPRO
1 _____	4 _____	7 _____
Falar com Fábio Tel.: 123-2233	Felipe – Tel.: 543-2121	Ligue 213-3132 – Carlos
2 _____	5 _____	8 _____
Tel.: 231-1122 – com Ana	Só Livros – Tel.: 345-1212	Lúcia – 222-1212
3 _____	6 _____	9 _____
Marina – 778-7788	Bia – 603-9091	Tel.: 653-6131 – com Filó

2. Complete a tabela com duas palavras da atividade 1.
Pista: cada quadrinho corresponde a uma sílaba.

		CLE	
CHA			

É uma palavra de:

➡ _____ SÍLABAS

➡ _____ SÍLABAS

REFLETIR

3. Distribua as palavras nos quadros, de acordo com as letras iniciais.

TATU	TUCANO	DRAGÃO	BONÉ
BOLSA	PATO	PIANO	DEDO

AMPLIAR

4. Reúna-se com alguns colegas. Montem um anúncio classificado pedindo doação de brinquedos usados.

• Depois que o anúncio estiver pronto, pensem em uma maneira de divulgar as informações dele. Por fim, com a ajuda do professor, entreguem o que for arrecadado para uma instituição social.

CONVIVÊNCIA

Na hora de comprar, cuidado!

Fábio Sgroi

CLASSIFICADOS

Carro Possante

VENDO um CARRO POSSANTE com caixa de ferramentas, pneus e adesivos.
Você poderá brincar no escuro com o Carro Possante, porque ele tem faróis que iluminam de verdade!
Ligue para Cláudio.
Tel.: 9888-8898

Boneca Belucha

TROCO uma BONECA BELUCHA (com estojo de maquiagem e kit completo de cabeleireiro) por um cachorro de pelúcia branco.
Camila.
Telefone: 6565-5656

Qual dos classificados chamou mais a sua atenção? Por quê? Converse com os colegas e o professor.

Se precisar, reclame.

Imagine que você ganhou o Carro Possante. Quando foi brincar com ele, percebeu que os faróis não acendiam. O que você faria? Assinale uma das afirmações.

☐ FICARIA COM O BRINQUEDO ASSIM MESMO.

☐ FICARIA CHATEADO NA HORA, MAS DEPOIS ESQUECERIA.

☐ PEDIRIA A UM ADULTO QUE FOSSE CONVERSAR COM A PESSOA QUE VENDEU O CARRO.

Na sua opinião, o que você poderia fazer para ter certeza de que os produtos que irá comprar estão em perfeito estado?

_____

_____

_____

Você tem o direito de trocar qualquer coisa que comprar com defeito por outra igual. Não importa o que seja. De alfinete a avião, alimento, remédio, tudo tem garantia do Código de Defesa do Consumidor, uma lei que protege o consumidor.

Criança Segura Safe Kids Brasil, Fundação Abrinq e Instituto Brasileiro de Defesa do Consumidor (Idec). *Essa turma ninguém passa para trás*. 2006. p. 6.

Consumidor: toda pessoa que compra um produto ou manda fazer algum serviço para uso próprio.

UNIDADE 3

Aprendendo com as histórias

IMAGEM E CONTEXTO

1. **Recorte da página 269 os personagens que faltam e os nomes das fábulas. Cole cada um no lugar correspondente.**

2. **Que tipo de personagem é comum nas fábulas?**

_____

3. **Observe as fábulas ilustradas e procure as que você conhece.**

● **O que essas fábulas ensinam? Converse com os colegas e o professsor.**

Quem avisa...

1. Leia a fábula.

O sapo e o boi

O sapo coaxava no brejo quando viu um boi se aproximar do rio para beber água.

Cheio de inveja ele disse para os amigos:

– Querem ver como eu fico do tamanho desse animal?

– Impossível! – respondeu o pato.

– Absurdo! – comentou a coruja.

– Esqueça! – disse a garça.

Então, para espanto de todos, o sapo estufou a barriga e aumentou de tamanho.

– Viram só? Eu não disse que conseguiria? – gabou-se o sapo.

– Pois fique sabendo que você não conseguiu alcançar nem as patas dele! – comentou a garça.

Inconformado, o sapo continuou a estufar.

– E agora, já estou do tamanho dele? – perguntou novamente.

– Só se for do tamanho de um bezerro – respondeu o pato. – E é bom parar com isso antes que se machuque.

– Só vou parar quando ficar maior do que o boi!

Silvana Rando

Sem dar ouvidos aos amigos, o sapo estufou tanto que explodiu como um balão de gás.

– É nisso que dá não se conformar com o que se é... – disse a coruja, que não pensava em outra coisa a não ser continuar sendo ela mesma.

Não tente imitar os outros; seja sempre você mesmo.

Coaxar: soltar a voz (sapo ou rã).
Gabar-se: falar bem de si mesmo.

Jean de La Fontaine, adaptação de Lúcia Tulchinski. *Fábulas de Esopo*. São Paulo: Scipione, 1998. p. 14.

● Qual era o desejo do sapo?

_____

_____

2. Ao ouvir o sapo, os amigos dele disseram o que pensavam. Ligue cada animal à fala correspondente.

Ilustrações: Silvana Rando

– ABSURDO!

– IMPOSSÍVEL!

– ESQUEÇA!

Quem avisa amigo é!

1. O que os amigos do sapo acharam da ideia dele?

☐ ELES ACHARAM A IDEIA MUITO BOA E POR ISSO O INCENTIVARAM.

☐ OS AMIGOS ACHAVAM QUE ELE ESTAVA FAZENDO ALGO QUE PODERIA DAR ERRADO.

2. Faça um desenho que represente este trecho da história.

"O SAPO ESTUFOU TANTO QUE EXPLODIU COMO UM BALÃO DE GÁS."

3. Releia esta frase.

"NÃO TENTE IMITAR OS OUTROS; SEJA SEMPRE VOCÊ MESMO."

a) O que a frase transmite?

☐ UMA ORDEM A SER CUMPRIDA.

☐ UM CONSELHO, UM ENSINAMENTO.

b) O ensinamento combina com a história? Por quê? Converse sobre isso com os colegas e o professor.

┃ Essa lição de vida que aparece no final das fábulas é conhecida como **moral da história**.

4. Na história, o boi não fala nada. O que você acha que ele pensou ao ver o sapo naquela situação? Escreva no balão.

Silvana Rando

5. Na sua opinião, o que significa a expressão **seja você mesmo**? Converse com os colegas e o professor.

6. Nas fábulas, os animais têm comportamentos e sentimentos parecidos aos dos seres humanos. Descubram quais são esses comportamentos e sentimentos na fábula **O sapo e o boi**.

_____

_____

● Inventem outro ensinamento para essa fábula.

_____

_____

Palavra puxa palavra

1. Releia este trecho da fábula.

> – QUEREM VER COMO EU FICO DO TAMANHO DESSE ANIMAL?
> – IMPOSSÍVEL! – RESPONDEU O PATO.

● Circule os sinais de pontuação que aparecem.

2. Observe as cenas. Depois recorte os balões da página 261 e cole cada um no lugar correspondente.

Ilustrações: Silvana Rando

● Leia as frases em voz alta usando a entonação adequada para cada sinal de pontuação.

3. Reúna-se com um colega. Leiam, discutam e pontuem as falas.

● Comparem as respostas de vocês com as de outra dupla. A pontuação usada foi a mesma?

> O **ponto de interrogação ?** indica uma pergunta.
> O **ponto de exclamação !** pode indicar surpresa, susto, admiração, medo, alegria.
> O **ponto final .** indica o fim de uma frase.

75

Às vezes, ao dizer algumas palavras, pronunciamos o som do **i**, mesmo que essa letra não apareça na escrita.

1. Pinte nesta tirinha a palavra que tem um som "a mais".

PREMERO NOÍS JOGAMO A BACIA PERTO DO ÔIO DO FRUMIGUERO!

Disponível em: <www.monica.com.br/index.htm>. Acesso em: fevereiro de 2008.

2. Ouça a leitura que o professor fará e, em cada par de palavras, pinte aquela que tem a grafia correta.

TRÊIS   TRÊS   ARROZ   ARROIZ

ATRÁIS   ATRÁS   CARTAIZ   CARTAZ

PORTUGUÊIS   PORTUGUÊS   VEZ   VEIZ

RAPAZ   RAPAIZ   VELOIZ   VELOZ

3. Este texto foi feito por uma pessoa que escreveu algumas palavras do jeito como ela fala. Copie-o corrigindo essas palavras.

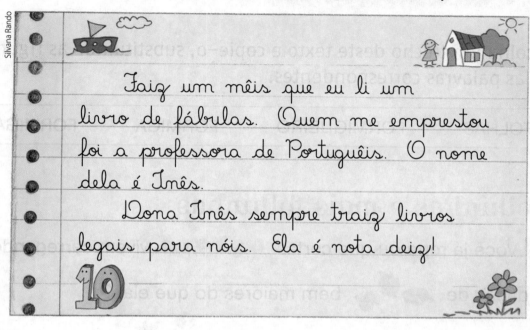

Faiz um mêis que eu li um livro de fábulas. Quem me emprestou foi a professora de Portuguêis. O nome dela é Inês.

Dona Inês sempre traiz livros legais para nóis. Ela é nota deiz!

_____

_____

_____

_____

_____

4. De acordo com as atividades anteriores, o que você pode concluir sobre a fala e a escrita das palavras?

_____

_____

5. Você conhece outras palavras que são pronunciadas como se houvesse uma letra **i** no meio da sílaba? Quais?

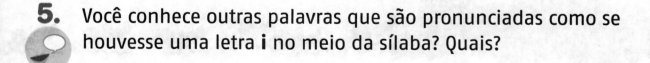

No curso da letra

1. Escolha um trecho deste texto e copie-o, substituindo as figuras pelas palavras correspondentes.

FOLHAS	FORMIGUEIRO	FORMIGA	FORMIGAS

Folhinhas e mais folhinhas

Você já reparou que certas vivem carregando pedaços de 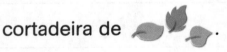 bem maiores do que elas?

As 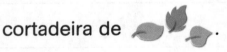 são guardadas no  para que no meio delas se formem fungos, um tipo de bolor que serve de comida para as .

Por isso, essa espécie de é chamada de cortadeira de 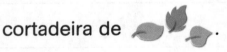 .

Revista *Recreio*. São Paulo: Abril, 18 de maio de 2000. p. 8.

Ilustrações: Brambilla

Brambilla

Um conto conta...

Você conheceu várias fábulas, que são narrativas curtas. Existem outras histórias curtas chamadas **contos**. Uma diferença entre o conto e a fábula é que o conto não tem moral no final da história.

Leia o conto **Mulian, o gavião**.

Mulian, o gavião

Há muitos e muitos anos, na primavera do universo, quando tudo o que existe na terra era jovem, duas irmãs caminhavam pelos campos cobertos de belíssimas flores. Saciavam a fome com deliciosas raízes que tiravam da terra.

Certa vez, ao anoitecer, uma das meninas abaixou-se para colher uma flor que chamou sua atenção por ser maior do que todas as outras. Ao observar as pétalas, viu estampada numa delas o rostinho de um bebê. A carinha era tão bonita que a menina arrancou um pedaço de casca de árvore e com ele fez uma caixinha, onde guardou a flor.

Era como se a flor fosse seu grande tesouro e ela quisesse protegê-lo. Pôs a caixa num galho de árvore e, todas as tardes, depois do passeio, ia visitá-la. E não contou o segredo para a

Lúcia Hiratsuka

irmã. Acontece que lentamente a flor foi se transformando num garotinho que, a cada dia, ficava mais forte e saudável.

O verão terminou. Com a chegada do outono, as noites começaram a esfriar e a criança a enfraquecer. Seu rostinho afinou. A menina encontrou uma coberta feita de pele de animal e agasalhou o bebê-flor.

Um dia ela contou à irmã sobre seu estranho filhinho. A irmã ficou muito feliz com a novidade. Juntas, cuidaram do garotinho com toda a dedicação. Conforme ele foi crescendo, as duas o ensinaram a falar, cantar, caçar e alimentar-se.

Lúcia Hiratsuka

Quando se tornou jovem, o menino se transformou em Mulian, o gavião, e partiu voando para os céus. Mas sempre regressava para visitar suas mães, as irmãs que o haviam colhido no campo florido. Ao sentir que estava velhinho, converteu-se numa estrela do céu para continuar a iluminar as crianças que, como as duas mães-meninas, amam e protegem as flores da terra.

(*História da mitologia aborígine australiana*)

Heloisa Prieto. *Lá vem história outra vez – contos do folclore mundial*. São Paulo: Companhia das Letrinhas, 1997. p. 14.

Saciar: acabar com, matar (a fome).
Regressar: voltar, retornar.

Nas asas do gavião

1. O que você achou do conto **Mulian, o gavião**? Converse com os colegas e o professor.

2. O trecho "Há muitos e muitos anos, na primavera do universo, quando tudo o que existe na terra era jovem" indica que a história aconteceu há quanto tempo?

☐ HÁ MUITO TEMPO.　　　☐ HÁ POUCO TEMPO.

3. No começo do conto, duas irmãs costumavam caminhar juntas pelos campos. Que acontecimento fez mudar essa situação?

_____

_____

_____

4. O que uma das irmãs passou a fazer sozinha?

_____

_____

_____

5. A frase "O verão terminou." marca uma passagem de tempo na história. Por que isso é importante?

☐ PARA MOSTRAR QUE TUDO PERMANECEU COMO ESTAVA.

☐ PARA MOSTRAR MUDANÇAS NA HISTÓRIA.

82

6. Recorte da página 267 as fases do bebê-flor. Cole as imagens na ordem dos acontecimentos do conto.

1

2

3

4

5

7. Marque com um **I** o que o conto **Mulian, o gavião** e a fábula **O sapo e o boi** têm de **IGUAL** e com um **D** o que eles têm de **DIFERENTE**.

☐ TÊM MORAL NO FINAL DA HISTÓRIA.

☐ SÃO TEXTOS CURTOS.

☐ TÊM NOMES DE ANIMAIS NOS TÍTULOS.

☐ APARECEM SERES HUMANOS NA HISTÓRIA.

Palavra puxa palavra

1. Vamos pensar sobre a função dos sinais de pontuação?
Releia este trecho da fábula **O sapo e o boi** e pinte os pontos de
interrogação e de exclamação.

"Então, para espanto de todos, o sapo
estufou a barriga e aumentou de tamanho.

– Viram só? Eu não disse que conseguiria?
– gabou-se o sapo.

– Pois fique sabendo que você não conseguiu
alcançar nem as patas dele! – comentou a garça.

Inconformado, o sapo continuou a estufar.

– E agora, já estou do tamanho dele?
– perguntou novamente.

– Só se for do tamanho de um bezerro
– respondeu o pato. – E é bom parar com isso
antes que se machuque.

– Só vou parar quando ficar maior do que
o boi!"

Ilustrações:Silvana Rando

2. Reúna-se com um colega. Copiem esta fala trocando o ponto de
interrogação destacado pelo ponto de exclamação. Como ficou o
sentido da frase?

"– VIRAM SÓ? EU NÃO DISSE QUE CONSEGUIRIA**?**"

_____

_____

_____

a) Agora copiem esta outra fala trocando o ponto de exclamação pelo ponto de interrogação.

> "– SÓ VOU PARAR QUANDO FICAR MAIOR DO QUE O BOI!"

_____

_____

b) O sentido da fala mudou? Conversem com os outros colegas.

3. Pinte os pontos finais deste trecho de **Mulian, o gavião**.

> "O verão terminou. Com a chegada do outono, as noites começaram a esfriar e a criança a enfraquecer. Seu rostinho afinou."

● Para que o ponto final foi usado?

_____

_____

4. Copie o trecho da questão anterior, alterando a pontuação. Você pode usar ponto de interrogação ou de exclamação.

_____

_____

_____

_____

● O que aconteceu com o sentido do texto? Converse com os colegas e o professor.

Vírgula por vírgula

1. Releia este trecho do texto **Mulian, o gavião**.

Lúcia Hiratsuka

> "Quando se tornou jovem, o menino se transformou em Mulian, o gavião, e partiu voando para os céus. Mas sempre regressava para visitar suas mães, as irmãs que o haviam colhido no campo florido.
> Ao sentir que estava velhinho, converteu-se numa estrela do céu para continuar a iluminar as crianças que, como as duas mães-meninas, amam e protegem as flores da terra."

● Pinte os sinais de pontuação com as cores indicadas.

 PONTO FINAL 〔 . 〕 VÍRGULA 〔 , 〕

2. Reúna-se com um colega e discutam: para que a vírgula foi usada no trecho?

a) O que aconteceria com o texto se não houvesse nenhuma vírgula?

_____

_____

b) Qual é a função do ponto final no trecho?

_____

_____

3. Este trecho do texto **Mulian**, **o gavião** foi reproduzido sem pontuação.

"Certa vez ao anoitecer uma das meninas abaixou-se para colher uma flor que chamou sua atenção por ser maior do que todas as outras Ao observar as pétalas viu estampada numa delas o rostinho de um bebê A carinha era tão bonita que a menina arrancou um pedaço de casca de árvore e com ele fez uma caixinha onde guardou a flor"

a) Aplique os sinais adequadamente. Faça isso sem ler o texto original.

b) Quantas vírgulas você usou?

_____

c) Você utilizou outros sinais de pontuação? Quais?

_____

4. Observe as expressões destacadas.

"Certa vez, **ao anoitecer**, uma das meninas abaixou-se para colher uma flor que chamou sua atenção por ser maior do que todas as outras."

"Acontece que lentamente a flor foi se transformando num garotinho que, **a cada dia**, ficava mais forte e saudável."

● Essas expressões transmitem ideia do quê?

☐ DE LUGAR.   ☐ DE TEMPO.

Sopa de letrinhas

1. Releia este trecho de **Mulian, o gavião** e circule as palavras com **F** ou **V**.

"Certa vez, ao anoitecer, uma das meninas abaixou-se para colher uma flor que chamou sua atenção por ser maior do que todas as outras."

- Se trocarmos a letra **V** de uma dessas palavras pela letra **F**, que outra palavra conseguiremos formar?

_____

2. Complete as frases com as palavras dos quadros.

a) FEIO – VEIO

ESSA CRIANÇA TEM UM COSTUME _____ :
NÃO ESCOVA OS DENTES.

ROGÉRIO _____ DE OUTRA CIDADE PARA
MORAR CONOSCO.

b) FEZ – VEZ

AGORA É A SUA _____ DE RECITAR UMA POESIA.

VOVÓ _____ UM BOLO DE FUBÁ DELICIOSO.

c) UVA – UFA

VANDA GOSTA DE SUCO DE _____ GELADINHO.

_____ ! CORRI MUITO E ESTOU CANSADA!

3. Escreva frases usando algumas palavras presentes nestas ilustrações.

_____

_____

_____

_____

_____

4. Junte as sílabas do círculo roxo com as sílabas do círculo amarelo e forme palavras.

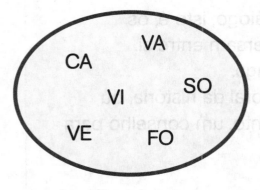
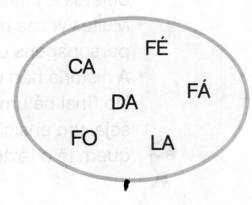

_____

_____

Gente que faz!

Você viu que a história **O sapo e o boi** é uma fábula.

> A **fábula** é um dos modos mais antigos de contar histórias. Inicialmente, as fábulas eram escritas para os adultos. Só mais tarde foram adaptadas para o público infantil.

Relembre algumas características das fábulas.

- O título da fábula refere-se aos personagens da história.
- Em geral, os personagens são animais que sentem, agem e pensam como seres humanos. No entanto, também há histórias cujos personagens são pessoas, objetos e plantas.
- Muitas vezes há diálogo, isto é, os personagens conversam entre si.
- A história não é longa.
- No final há uma moral da história, ou seja, um ensinamento, um conselho para quem lê o texto.

Silvana Rando

90

1. O professor vai ler o início de um texto. Depois você e os colegas continuarão a história coletivamente.

A cigarra e as formigas

Era uma vez uma jovem cigarra que não fazia outra coisa na vida a não ser cantar.

Entoava as mais lindas canções perto de um formigueiro.

Enquanto isso, as formigas trabalhavam sem parar.

Colhiam pedaços de folhas para forrar o berçário das formigas recém-nascidas. Transportavam grãos para que no inverno tivessem o que comer. Enfim, viviam atarefadas, entrando e saindo do formigueiro.

O inverno chegou. O frio era tanto que a cigarra quase ficou congelada. _____

_____

_____

_____

_____

_____

Jean de La Fontaine, adaptação de Lúcia Tulchinski.
Fábulas de Esopo. São Paulo:
Scipione, 1998. p. 13.

Brambilla

Raios X da escrita

1. Marque um **X** nas alternativas que estão de acordo com o texto da página anterior.

a) OS PERSONAGENS SÃO:

☐ PESSOAS.   ☐ OBJETOS.

☐ ANIMAIS.   ☐ PLANTAS.

b) O TÍTULO DA HISTÓRIA SE REFERE AOS:

☐ PERSONAGENS.   ☐ FATOS QUE ACONTECEM.

c) APARECEM DIÁLOGOS OU COMENTÁRIOS DOS PERSONAGENS?

☐ SIM.   ☐ NÃO.

d) A HISTÓRIA É:

☐ LONGA.   ☐ CURTA.

e) APARECE UM ENSINAMENTO NO FINAL?

☐ SIM.   ☐ NÃO.

f) COPIE ESSE ENSINAMENTO, OU SEJA, A MORAL DA HISTÓRIA.

_____

_____

2. Marque com um **X** o item que está de acordo com as respostas dadas na página anterior.

O TEXTO **A CIGARRA E AS FORMIGAS** É:

☐ UM CLASSIFICADO. ☐ UMA FÁBULA. ☐ UM POEMA.

3. Recorte as cenas da página 267. Depois, cole as imagens na ordem em que a história acontece.

- Escreva o título e a moral da fábula nos locais correspondentes.

Você conhece a música chamada **Ratinho tomando banho**?

RATINHO TOMANDO BANHO

TCHAU PREGUIÇA
TCHAU SUJEIRA
ADEUS CHEIRINHO DE SUOR
OH...
LAVA LAVA LAVA
LAVA LAVA LAVA
UMA ORELHA UMA ORELHA
OUTRA ORELHA OUTRA ORELHA
LAVA LAVA LAVA LAVA
LAVA A TESTA, A BOCHECHA,
LAVA O QUEIXO
LAVA A COXA
E LAVA ATÉ...
MEU PÉ
MEU QUERIDO PÉ
QUE ME AGUENTA O DIA INTEIRO
OH OH
E O MEU NARIZ
MEU PESCOÇO
MEU TÓRAX
O MEU BUMBUM
E TAMBÉM O FAZEDOR DE XIXI
OH...
LA LA
LAIA LAIA LA
LAIA LA LA LA

Glair Arruda

LAIA LA

LA LA LA LA LA

HUM... AINDA NÃO ACABOU NÃO

VEM CÁ VEM... VEM

UMA ENXUGADINHA AQUI

UMA COÇADINHA ALI

FAZ A VOLTA E PÕE A ROUPA DE PAXÁ

AHH!

BANHO É BOM

BANHO É BOM

BANHO É MUITO BOM

AGORA ACABOU!

Hélio Ziskind. *Meu pé meu querido pé*. São Paulo:
MCD World Music, 2002.

1. Você e os colegas vão encenar a canção. Combinem os gestos e ensaiem.

SUGESTÃO DE LEITURA

12 fábulas de Esopo, de Hans Gärtner, Ática.

O homem que amava caixas, de Stephen Michael King, Brinque-Book.

O menino que contava estrelas, de Alexandre Azevedo, Atual.

REDE DE IDEIAS

ORGANIZAR

1. Leia a piada.

Fábio Cobiaco

> **QUE MEDO!**
> MINHA MÃE OUVIU UM BARULHÃO DE NOITE!
> QUANDO ELA OLHOU, TINHA UM HOMEM DEBAIXO DA CAMA!
> **– ERA UM LADRÃO?**
> – QUE NADA, ERA MEU PAI! ELE TAMBÉM TINHA OUVIDO O BARULHO.
>
> Ruth Rocha. *Almanaque Ruth Rocha*.
> São Paulo: Ática, 2005. p. 57.

a) Pinte os sinais de pontuação da piada, de acordo com a legenda.

    PONTO FINAL   PONTO DE EXCLAMAÇÃO

    VÍRGULA   PONTO DE INTERROGAÇÃO

b) Copie a frase em destaque no texto, substituindo o ponto de interrogação pelo ponto final. O que acontece com a piada após essa mudança?

_____

_____

REFLETIR

2. Escreva em poucas palavras o que acontece em cada cena da fábula.

Ilustrações: Teresa Berlinck

_____

_____

_____

_____

 ● Leia para a classe o que você escreveu.

AMPLIAR

3. Leia duas diferentes morais para a fábula **O leão e o rato**.

> • OS PEQUENOS AMIGOS PODEM SE REVELAR GRANDES ALIADOS.
>
> • OS GRANDES TAMBÉM PRECISAM DOS PEQUENOS.

 ● Reúna-se com dois colegas. Criem outra moral para essa fábula.

_____

_____

CONVIVÊNCIA

A união faz a força

Você conhece a história **Os músicos de Bremen**?
Após a leitura do texto pelo professor, leia o resumo e responda às questões.

UM BURRO, UM CÃO, UM GATO E UM GALO JÁ ESTAVAM VELHOS, E SEUS DONOS ACHAVAM QUE NÃO SERVIAM MAIS PARA AS SUAS FUNÇÕES.
QUANDO RESOLVERAM FORMAR UM GRUPO MUSICAL, PERCEBERAM QUE JUNTOS ERAM MAIS FORTES, PORQUE UM PODIA AJUDAR O OUTRO.

Estátua construída em 1951, na cidade de Bremen (Alemanha), em homenagem ao conto **Os músicos de Bremen**.

F1 Online/Other Images

1 O que os animais perceberam quando se uniram?

- Na sua opinião, as pessoas conseguem melhores resultados quando trabalham em equipe? Por quê?

2 Uma mão lava a outra

Pense em algo que você faz muito bem e que poderia ensinar a um colega. Escreva.

_____

_____

Imagine algo em que você precisa de ajuda porque não sabe fazer muito bem. Escreva.

_____

_____

Trabalhando em conjunto e seguindo as instruções, montem uma tabela semelhante a esta em uma cartolina.

Nome	Posso ajudar	Preciso de ajuda

Na coluna **Posso ajudar**, cada aluno escreve um item que sabe fazer bem. Na coluna **Preciso de ajuda**, cada um anota algo em que sente dificuldade e necessita de ajuda.

Depois que todos escreveram, deixem a tabela fixada na sala de aula. Assim, vocês poderão se ajudar e todos trabalharão cada vez melhor.

UNIDADE 4

Formas de contar histórias

1. A cena mostra elementos de diferentes histórias. Relacione o título de cada história com a forma utilizada para contá-la.

1	CHAPEUZINHO VERMELHO		CD
2	OS TRÊS PORQUINHOS		LIVRO
3	PETER PAN		ALMANAQUE
4	TURMA DA MÔNICA		CONTADORA DE HISTÓRIAS
5	OS SALTIMBANCOS		FANTOCHES
6	BRANCA DE NEVE		DVD

2. Dentre as diferentes formas de contar uma história, de qual você mais gosta?

CAPÍTULO 1

A **história** contada em quadrinhos

História em quadrinhos é uma história contada por meio de desenhos. Nela pode haver textos, que são colocados em balões ou em legendas.

Mauricio de Sousa Produções

Mauricio de Sousa. *Chico Bento – Natureza*.
São Paulo: Globo, 2003.

Chacrinha (1916-1988) foi um artista que trabalhou primeiro no rádio e depois na TV.

Em seu programa de televisão, uma das atrações era a de candidatos a cantor. Quando Chacrinha não gostava da apresentação, desclassificava a pessoa tocando uma buzina.

Por dentro dos quadrinhos

1. O que este balão significa?

_____

_____

_____

2. Com o que Chico Bento ficou admirado?

☐ COM A VOZ ESTRANHA QUE OUVIU.

☐ COM A FLOR NO CABELO DA MENINA.

☐ COM A COR DA ÁGUA.

☐ COM A VOZ BONITA QUE OUVIU.

3. O que os corações indicam neste quadrinho?

_____

_____

_____

_____

4. No último quadrinho, aparece um ponto de interrogação. Esse sinal indica que Chico Bento não entendeu o quê?

☐ POR QUE A MOÇA SAIU DA ÁGUA.

☐ POR QUE APANHOU.

5. Os balões de Chico Bento e da menina mostram o jeito de falar de algumas pessoas que moram ou já viveram na área rural. Reúna-se com um colega. Escrevam essas falas, utilizando o modo como elas seriam escritas na linguagem formal.

"QUI VOIZ BUNITA!"

_____

"PODE MI LEVÁ PRO FUNDO DA LAGOA!"

_____

"NEM SI PODE TOMÁ BANHO SUSSEGADA!"

_____

6. Essa história em quadrinhos faz referência à lenda da Iara. A Iara é um personagem que mora no fundo das águas e encanta os homens com sua voz, fazendo os barcos afundarem. Marque com um **X** as características da menina que lembram as da Iara.

☐ É METADE HUMANA, METADE PEIXE.

☐ TEM A VOZ BONITA.

☐ ESTÁ DENTRO D'ÁGUA.

LÁ, LÁ, LÁ, LÁ...

Maurício de Sousa Produções

Balões e sons

1. Ligue cada balão ao seu significado.

INDICA ALGUÉM SONHANDO.

INDICA ALGUÉM GRITANDO.

INDICA ALGUÉM COCHICHANDO.

INDICA ALGUÉM PENSANDO.

INDICA ALGUÉM FALANDO.

2. Recorte os balões e as cenas da página 265 e siga as orientações.

- Cole as cenas em uma folha à parte e, em cada uma, o balão que você achar mais adequado.
- Compare o seu trabalho com o de um colega quando os dois tiverem terminado. Será que vocês fizeram tudo igual?

3. Veja a tirinha.

Disponível em: <http://senna.globo.com/SENNINHA/tiras.asp?PagePosition=27>.
Acesso em: julho de 2007.

● O que as palavras **ZUP, ZUP, ZUP** representam?

_____

4. Crie uma tirinha com pelo menos uma onomatopeia.

Palavra puxa palavra

1. Observe o quadrinho.
Que recurso o autor usou para representar o tapa que a menina deu em Chico Bento?

Maurício de Sousa Produções

_____

_____

2. Marque com um **X** o som que você usaria para indicar cada situação.

a) ALGUÉM BATENDO NA PORTA.

   ☐ TRIM, TRIM   ☐ TOC, TOC   ☐ POFT

b) UM PÁSSARO BATENDO AS ASAS.

   ☐ FLAP, FLAP   ☐ FON, FON   ☐ HUMMMM...

c) UM CARRO EM ALTA VELOCIDADE.

   ☐ SNIF   ☐ VRUMMMM   ☐ PLEC

d) UM TELEFONE TOCANDO.

   ☐ FON, FON   ☐ PLEC   ☐ TRIM, TRIM

e) A BUZINA DE UM CARRO SENDO TOCADA.

   ☐ POFT   ☐ TRIM, TRIM   ☐ FON, FON

3. Observe esta sequência de quadrinhos.

● Na sua opinião, que outros sons poderiam ter sido representados pelo autor no segundo quadrinho?

_____

4. Observe como Chico Bento descreve a menina. Que outras características você daria a ela?

_____

_____

_____

5. Marque com um **X** as palavras que representam o seu jeito de ser.

EU SOU UMA PESSOA...

☐ ALEGRE.   ☐ SIMPÁTICA.   ☐ CIUMENTA.

☐ NERVOSA.   ☐ CORAJOSA.   ☐ TAGARELA.

☐ BRAVA.   ☐ TRISTE.   ☐ SÉRIA.

Sopa de letrinhas

1. Observe o quadrinho ao lado. Quem aparece nele?

☐ UMA SENHORA.

☐ UMA MOÇA.

2. Encontre no diagrama os nomes dos animais.

G	A	R	Ç	A	L	K	J	A	T	Q	A	E	B
Z	F	R	C	O	H	N	T	O	N	Ç	A	L	L
R	U	G	I	Y	U	N	E	K	J	R	N	E	W
P	G	P	R	E	G	U	I	Ç	A	A	Ç	L	F

a) Pinte, nas palavras que você encontrou, a consoante que se repete em todas elas.

b) O que você observou nessa consoante?

_____

3. Escreva outras palavras com **ç**.

_____

110

| O sinal colocado embaixo do **C** é chamado de **cedilha**.

4. Quando usamos a cedilha, a letra **C** representa outro som. Reescreva as palavras aplicando a cedilha.

FACA ➡ _____   TRANCA ➡ _____

LOUCA ➡ _____   FORCA ➡ _____

5. Complete as palavras com **C** ou **Ç**.

ABRA____O   MA____IO   ____IGARRA

____EBOLA   CRIAN____A   A____UCAREIRO

MOR____EGO   CAL____A   BA____IA

6. Use palavras da atividade anterior para completar as frases.

a) MAURO GOSTA DE DORMIR EM UM COLCHÃO BEM

_____ .

b) JORDÃO DEU UM FORTE _____ EM SEU FILHO.

c) REGINA AINDA É MUITO _____ PARA VIAJAR SEM OS PAIS.

7. Que som a letra **C** representa quando há depois dela **E** ou **I**? Converse com os colegas e o professor.

8. Circule as vogais que podem vir depois do **Ç**.

A   E   I   O   U

Uso do dicionário

Observe a reprodução de parte de uma página de dicionário.

Editora Saraiva

64

comunicação ———————————— conjugar

a b c d e f g h i j k l m n o p q r s t u v w

comunicação (co.mu.ni.ca.ção) sf **1.** Ação de transmitir ou espalhar informação, mensagens, ideias (*A Internet é uma forma de comunicação.*); **2.** a mensagem recebida ou transmitida (*A professora mandou uma comunicação à mãe de Chico.*); **3.** o ato de estabelecer um diálogo com outras pessoas (*Na sala de aula, a comunicação entre professores e alunos é muito importante.*). *Meios de comunicação:* meios técnicos utilizados para receber e transmitir comunicação (*O telefone, a televisão, o rádio e a Internet são meios de comunicação.*).

comunidade (co.mu.ni.da.de) sf **1.** Qualidade do que é comum; **2.** conjunto de pessoas que dividem um mesmo *habitat*, uma mesma religião etc.

concerto (con.cer.to) (ê) sm **1.** Composição musical extensa e desenvolvida, para um instrumento, com acompanhamento de orquestra (*O concerto era para piano e orquestra.*); **2.** espetáculo em que se executam peças musicais (*O pai levou-o ao concerto no parque.*). *Pl* **concertos** (ê). *Cf* **conserto** (é), do *v* **consertar**, e **conserto** (ê) sm.

concha (con.cha) sf **1.** Invólucro do corpo de certos moluscos (*Carla gosta de catar conchas na praia.*); **2.** espécie de colher grande com que se serve sopa.

concreto (con.cre.to) adj **1.** Que existe em forma material (*Um caderno é um objeto concreto.*); **2.** determinado (*Cristina tem objetivos concretos: estudar e passar de ano.*); sm **3.** massa usada na construção, feita de cimento, areia, pedra e água (*Aquele prédio foi feito com muito concreto.*).

concurso (con.cur.so) sm Provas feitas pelos candidatos a certo emprego ou a certos prêmios.

condição (con.di.ção) sf Estado ou situação de pessoa ou coisas (*A condição da escola melhorou muito com a participação dos pais.*).

conectar (co.nec.tar) vtd **1.** Fazer ligação entre duas coisas; **2.** por ext unir, juntar; **3.** Inform ligar-se à Internet.

conexão (co.ne.xão) (cs) sf Ligação entre coisas.

confete (con.fe.te) sm **1.** Rodelinha de papel colorido, que se joga aos punhados, nas festas de carnaval ou em outras comemorações; **2.** pop elogio (*Não exagere nos confetes, ela já é muito convencida.*).

confiança (con.fi.an.ça) sf Sentimento de quem acredita em algo ou alguém (*A menina ganhou a confiança dos pais.*).

confundir (con.fun.dir) vtdi **1.** tomar uma coisa por outra (*Confundi a data de aniversário com o dia da festa.*); vp **2.** perturbar-se (*Ela confundiu-se com a resposta e acabou dizendo besteira.*).

confusão (con.fu.são) sf **1.** Ação de tomar uma pessoa ou uma coisa por outra (*Fez confusão: chamou Célia de Clélia.*); **2.** falta de organização; desordem (*Estava a maior confusão; havia brinquedos espalhados por toda a sala.*); **3.** barulho (*Estava uma confusão; não dava para ouvir o que a mãe dizia ao telefone.*).

congada (con.ga.da) sf Dança popular de origem africana em que se representa a coroação de um rei do Congo (*A congada é realizada na época do Natal, na festa de Nossa Senhora do Rosário e na de São Benedito.*).

conhecer (co.nhe.cer) vtd **1.** Ter noção de, saber (*É preciso conhecer a história para poder contá-la direito.*); **2.** ter relações com (*Cibele conhece muita gente da escola.*); **3.** saber quem é (*Eu conheço aquele cantor; suas músicas sempre tocam no rádio.*); **4.** experimentar (*O mundo já conheceu muitas guerras.*). → V conjug.

conhecimento (co.nhe.ci.men.to) sm **1.** Ato ou efeito de conhecer; **2.** idéia, noção; **3.** cultura, instrução.

Saraiva Júnior – Dicionário da Língua Portuguesa ilustrado.
São Paulo: Saraiva, 2005. p. 64.

1. Vamos relembrar como a página é feita.

a) Para que serve a palavra no canto superior esquerdo?

b) Qual é a utilidade da palavra no canto superior direito?

c) O que é verbete?

2. Procure na reprodução da página do dicionário as palavras indicadas e copie os significados.

a) CONFIANÇA ➡ _____

_____

b) CONCERTO ➡ _____

_____

_____

3. Por que o **Ç** foi usado na palavra **confiança**?

_____

_____

● Por que ele não foi usado na palavra **concerto**?

_____

_____

4. Abra um dicionário e veja os verbetes das páginas que começam com **C**. Você encontrou palavras iniciadas com **Ç**?

☐ SIM.   ☐ NÃO.

CAPÍTULO 2

Você já teve dor de dente?

Como você viu, nas histórias em quadrinhos as falas dos personagens aparecem em balões.

Quando as histórias são contadas somente com texto, as falas são indicadas com um sinal de pontuação chamado travessão ▬ .

Leia o texto desta história prestando atenção nesse sinal.

Dor de dente

Alex acordou danado da vida.

– Droga de dor de dente!

Um dente de leite havia doído durante boa parte da noite, deixando o Alex sem dormir direito.

– Droga, logo hoje que é domingo, esse dente me amolando.

(...)

O pai, como fazia todos os domingos, chamou o filho para ir à feira.

– Vamos, Alex. Depois te compro um pastel de carne na barraca do chinês.

– Hoje não, pai.

O pai de Alex insistiu:

– Por que não?

– Tô com dor de dente.

– Tá doendo muito, Alex?

– Um pouco.

E o domingo continuou como tantos outros domingos da vida do Alex.

Ricardo Montanari

114

Vieram os amigos de sempre: primeiro o Tuta, chamando para soltar pipa no morro perto da escola.

Depois o Pepe, chamando para andarem de bicicleta na pista *cross* que eles mesmos fizeram.

Depois a Ritinha, chamando para um desfile de bandas na praça; o Daniel, chamando para brincar na casa dele; e o Rodrigo, seu irmão, pedindo ajuda para limpar a casa do cachorro.

Nada. O Alex com dor de dente, amuado, com cara de poucos amigos, sem querer papo com ninguém.

(...)

Depois veio o almoço. Almoço de domingo na casa do Alex é coisa fina: macarrão, carne, molho e muito *catchup*.

– Vem comer, Alex.

– Num quero.

Alex não quis.

O pai, preocupado com o filho, mas não querendo estragar o domingo da família, levantou-se da mesa e sugeriu:

– Que tal a gente tomar sorvete na padaria Rainha do Pão Fresco?

– Oba! – concordaram todos.

Alex esticou os olhos, ainda borocoxô.

– Vamos, vamos.

E puseram-se a caminho. De saída, já na porta, a mãe do Alex com o coração pequenino, vendo o filho ali adoecido, suspirou:

– Pena que você não pode ir, né, Alex? Sorvete faz mal pra dor de dente.

Assim é demais. Ninguém resiste!

O Alex, num segundo, pôs-se de pé junto ao grupo, meteu um sorriso novo nos lábios e disse:

– Já passou, mãe. A dor de dente já passou.

Edson Gabriel Garcia. *Treze contos*. São Paulo: Atual, 2005. p. 26-27.

Ricardo Montanari

1. Numere os acontecimentos na ordem em que eles ocorreram.

☐ PEPE CHAMA O AMIGO PARA ANDAREM DE BICICLETA.

☐ O IRMÃO DE ALEX PEDE AJUDA PARA LIMPAR A CASA DO CACHORRO.

☐ TUTA CHAMA ALEX PARA ELES SOLTAREM PIPA.

☐ RITINHA CHAMA O GAROTO PARA ASSISTIREM A UM DESFILE DE BANDAS NA PRAÇA.

☐ DANIEL CHAMA ALEX PARA BRINCAREM NA CASA DELE.

2. Quando Alex falou que sua dor de dente havia passado?

_____

_____

_____

• O que você acha dessa atitude de Alex? Explique.

_____

_____

3. O que você faria se tivesse dor de dente?

_____

• Quantos dentes de leite você já perdeu?

_____

4. O que significa a expressão **acordou danado da vida**?

_____

5. Pinte as falas dos personagens de acordo com a legenda.

〰 ALEX   〰 PAI DE ALEX   〰 MÃE DE ALEX

● O que você observou? Converse com os colegas e o professor.

6. Marque um **X** na alternativa que explica o significado da frase.

> ALEX PASSOU O DIA BOROCOXÔ.

☐ ELE PASSOU O DIA TRISTONHO.

☐ ELE PASSOU O DIA COM FEBRE.

7. Trechos do texto **Dor de dente** foram transformados em uma história em quadrinhos. Complete as falas com suas palavras.

Ricardo Montanari

Palavra puxa palavra

1. Marque um **X** na palavra que pode substituir o termo destacado.

> "NADA. O ALEX COM DOR DE DENTE, **AMUADO**, COM CARA DE POUCOS AMIGOS, SEM QUERER PAPO COM NINGUÉM."

◻ PEQUENO   ◻ CHATEADO   ◻ CARINHOSO

2. Encontre três palavras no diagrama com significado semelhante ao da palavra **AMUADO**.

```
T E G B N A W B S B N Q
M U I I P L K R A R Q A
W F C H A T E A D O I Y
U U G I Y U N V K V R F
P A H L J N G O X K A P
C A R R A N C U D O I C
Y U J E Ê Y G C B Z I A
```

3. Copie a frase do quadro substituindo a palavra destacada por outra com significado semelhante.

> "– DROGA, LOGO HOJE QUE É DOMINGO, ESSE DENTE ME **AMOLANDO**."

_____

_____

● Escreva outra frase com a palavra **amolando**. Não se esqueça de manter o mesmo sentido do trecho.

_____

_____

4. Copie as frases substituindo as palavras destacadas por outras com significados contrários.

a) ALEX PASSOU O DIA **BOROCOXÔ**.

_____

b) O MENINO ESTAVA **AMUADO**.

_____

5. O que aconteceu com o sentido das frases da atividade anterior?

_____

_____

6. Complete as frases com as palavras que têm sentido contrário ao das palavras destacadas. Pista: as palavras para completar estão no quadro.

TRISTONHA   ALEGRE   CORAJOSA

a) NATÁLIA É UMA GAROTA **RISONHA**, MAS A IRMÃ DELA VIVE

_____ .

b) DIANTE DO PERIGO, NINGUÉM FOI **COVARDE**. TODOS

TIVERAM UMA ATITUDE _____ .

c) NA FESTA NINGUÉM FICOU **TRISTE**. A ANIVERSARIANTE ERA A

PESSOA MAIS _____ .

1. Leia o trava-língua.

O QUE É QUE CACÁ QUER?
CACÁ QUER CAQUI.
QUAL CAQUI QUE CACÁ QUER?
CACÁ QUER QUALQUER CAQUI.

Trava-língua popular.

● Você já comeu caqui? Conhece essa fruta? Conte para os colegas.

2. Circule de laranja, no trava-língua, as palavras em que há a letra **C**.

● Agora, leia essas palavras em voz alta e observe o som que a letra **C** representa.

3. Observe o som que a letra **C** representa nestas palavras.

CARAMELO   COCADA   CURUMIM

● Qual é o som que a letra **C** representa quando aparece antes das vogais **A, O, U**?

_____

4. Circule de verde as palavras do trava-língua em que há a letra **Q**.

● Que letra aparece depois da letra **Q**?

_____

5. Qual é a única palavra do trava-língua escrita com as letras **C** e **Q**?

_____

6. Leia estas outras palavras e observe a letra **Q**.

QUADRO   QUERIDA   MÁQUINA   VENTRÍLOQUO

- Ao falar essas palavras em voz alta, o que você percebe sobre o som que a letra **U** representa?

_____

7. O professor vai ditar algumas palavras. Escreva-as no quadro.

Márcio Levyman

_____   _____

_____   _____

_____   _____

8. Pesquise (em jornais, revistas, internet) e cole três palavras escritas com **C** e três palavras escritas com **Q**.

Gente que faz!

Converse com um colega sobre as questões e responda.

1. A história em quadrinhos (ou HQ) é contada:

☐ SÓ COM IMAGENS.   ☐ SÓ COM TEXTO.

☐ SEMPRE COM IMAGENS, MAS TAMBÉM PODE TER TEXTO.

2. Pelas imagens de uma HQ, o leitor pode observar:

☐ O LUGAR ONDE OCORRE A HISTÓRIA.

☐ O QUE O PERSONAGEM DIZ.

☐ O MOMENTO EM QUE A AÇÃO ACONTECE.

☐ A EXPRESSÃO E OS GESTOS DOS PERSONAGENS.

3. Quando há texto, ele pode aparecer:

☐ EM BALÕES E LEGENDAS.   ☐ SÓ EM BALÕES.

4. Pelo formato do balão, o leitor percebe se:

☐ O PERSONAGEM ESTÁ FALANDO.

☐ O PERSONAGEM ESTÁ PENSANDO.

☐ O PERSONAGEM É CRIANÇA OU ADULTO.

122

5. Complete esta história em quadrinhos criando o texto. Para isso, siga as instruções.

- Observe os quadrinhos e pense na história.
- Recorte os balões da página 263 e escreva o texto. Se possível, use onomatopeias.
- Peça a um colega para ler o seu trabalho e dizer o que poderia ser melhorado.

André Flauzino

Conversa vai, conversa vem...

1. Vamos brincar? Para isso, sigam as orientações.

- Todos os alunos ficarão em pé, um ao lado do outro, formando um círculo.
- O primeiro dirá uma palavra em voz alta. O seguinte terá de dizer uma palavra com sentido semelhante ou oposto. Se o primeiro disser FEIO, o segundo poderá dizer, por exemplo, ESQUISITO (que tem sentido parecido) ou BONITO (que tem sentido oposto).
- Se a segunda pessoa não souber, ela sai da brincadeira. Se acertar, terá de dizer outra palavra, por exemplo: GORDO.
- A terceira pessoa poderá falar, então, OBESO, que é semelhante a GORDO, ou MAGRO, que é o oposto. E assim por diante.
- Quando um aluno sair da brincadeira, o que disse a palavra tem de dar uma resposta. Se não souber, ele também sai.
- A brincadeira terminará quando restar apenas um participante.

2. Você e os colegas vão fazer outra brincadeira: brincar de falar e fazer as coisas ao contrário. Veja o exemplo.

a) Quando o mestre falar "em pé", todos sentam.

b) Quando ele disser "sentado", todos ficam em pé.

c) Se disser "de costas", todo mundo vira de frente. E assim por diante.

d) Mas tome cuidado, pois aos poucos a brincadeira ficará mais rápida...

SUGESTÃO DE LEITURA

Gibis da Turma da Mônica, de Mauricio de Sousa, Panini.

A princesa e o sapo, de Will Eisner, Companhia das Letras.

Luluzinha – O piquenique, de John Stanley, Devir.

REDE DE IDEIAS

ORGANIZAR

1. Recorte as falas da página 261 e cole cada uma no local adequado.

Ziraldo

Disponível em:
<www.meninomaluquinho.com.br/PaginaTirinha/PaginaAnterior.asp?da=30042007>.
Acesso em: julho de 2007.

2. Complete as palavras com as sílabas dos quadros.

ÇA	CE	CI	ÇO	ÇU

PO_____   _____DADE   A_____DE

_____GONHA   PA_____CA   MO_____NHA

CA_____DORES   MOR_____GO   ESPERAN_____

a) O **C** aparece antes das letras _____ .

b) Você conhece alguma palavra que comece com **Ç**?

_____

_____

3. Escreva o número correspondente ao significado oposto das palavras destacadas nas frases.

1   A ONÇA É UM ANIMAL **FEROZ**.

2   MARCELO É UM RAPAZ MUITO **CORAJOSO**.

3   O PASSEIO QUE FIZEMOS NO DOMINGO FOI **MARAVILHOSO**.

☐   NEM SEMPRE QUEM TEM MEDO DE ESCURO É COVARDE!

☐   O TRÂNSITO ESTAVA HORRÍVEL HOJE CEDO.

☐   O MEU GATINHO É UM ANIMAL MANSO.

4. Reúna-se com um colega. Escolham uma palavra do quadro e escrevam palavras semelhantes ou opostas a ela.

FELIZ	QUENTE	FAZER	SUBIR

_____

_____

5. Reúna-se com alguns colegas. Inventem onomatopeias e façam desenhos para representá-las.

● Organizem um cartaz com o material que vocês criaram e exponham no mural da classe.

UNIDADE 5

O jogo das rimas

SAÍDA

CHEGADA

Reúna-se com um colega. Com as peças já utilizadas nas páginas 26 e 27, divirtam-se com o jogo das rimas!

• Cada jogador deverá falar, de acordo com a imagem da casa onde parou, uma palavra que rime com essa figura. Caso não saiba nenhuma palavra, o jogador deverá voltar uma casa.

IMAGEM E CONTEXTO

1. Encontre no tabuleiro nomes de figuras que rimam com as palavras dos quadros.

canela _____

coronel _____

sabonete _____

2. O que as palavras que rimam têm em comum? Responda oralmente.

3. Onde é possível encontrar rimas?

_____

CAPÍTULO 1

Na escola tem poema?

1. Leia o poema.

A madame tagarela

Eu conheço uma madame
com um nome bonitão:
a Tácita Anunciação.

Ela fala, fala, fala,
fala, fala, fala, fala,
faladeira que só ela,
linguaruda, tagarela.

Quando o telefone toca,
ela fala mais que a boca,
ela fala feito louca,
fala até ficar bem rouca,
fala, fala, não se cala,
não se cala, fala, fala,
faladeira que só ela,
linguaruda, tagarela.

Pois um dia, ao estrear
seu recém-adquirido
telefone celular,
falou tanto, tanto, tanto,
tanto, tanto, tanto, tanto,
que sua orelha e o aparelho
de tão quentes... derreteram...

Ricardo da Cunha Lima. *Cambalhota*.
São Paulo: Companhia das Letrinhas,
2003. p. 16-17.

Camila Godoy

2. O que você acha das pessoas que falam demais? Converse com os colegas e o professor.

3. O título do poema dá uma pista sobre o assunto apresentado nele. **Madame tagarela** é o mesmo que:

☐ Senhora linguaruda.   ☐ Senhora fofoqueira.

☐ Senhora faladeira.   ☐ Senhora intrometida.

4. Você conhece a expressão **falar mais que a boca**? O que ela significa?

_____

● Marque um **X** na expressão que tem o mesmo significado de **falar mais que a boca**.

☐ Falar de barriga cheia.

☐ Falar pelos cotovelos.

☐ Estar em papos-de-aranha.

Camila Godoy

BLÁ BLÁ BLÁ BLÁ

5. Releia o poema e pinte as palavras que rimam.

6. Circule cada conjunto de versos do poema com uma cor diferente.

● Como os versos do poema ocupam o espaço do papel?

_____

_____

Palavras, formas e sons

1. Observe como a palavra **derreteram** foi escrita no poema
A madame tagarela.

● Na sua opinião, por que ela foi escrita dessa maneira?

_____

_____

2. Leia novamente estes trechos do poema.

> "Ela fala, fala, fala,
> fala, fala, fala, fala,"

> "falou tanto, tanto, tanto,
> tanto, tanto, tanto, tanto,"

● Por que as palavras **fala** e **tanto** foram repetidas várias
vezes?

_____

_____

> Com a **repetição** das palavras, o autor tentou
> provocar um efeito sonoro. Assim, quem lê o poema
> tem a sensação de estar ouvindo uma pessoa tagarela
> falando.

132

3. Leia este poema em silêncio. Depois repita a leitura em voz alta.

Ronaldo Azeredo

```
V V V V V V V V V V
V V V V V V V V V E
V V V V V V V V E L
V V V V V V V E L O
V V V V V V E L O C
V V V V V E L O C I
V V V V E L O C I D
V V V E L O C I D A
V V E L O C I D A D
V E L O C I D A D E
```

Ronald Azeredo. In: Vera Aguiar (coord.). *Poesia fora da estante.*
Porto Alegre: Projeto, CPL/PUC-RS, 2006. p. 35.

a) Escreva a letra que mais se repete.

b) Na sua opinião, por que o poema foi escrito dessa maneira?
Converse sobre isso com um colega antes de escrever sua
resposta.

_____

_____

_____

4. Escolha uma palavra e anote-a em uma folha à parte. Utilize
cores e formas diferentes para representar essa palavra. Depois
monte um painel na sala, junto com os colegas, para expor o que
vocês fizeram.

Palavra puxa palavra

1. Releia este trecho do poema e circule o nome da pessoa.

> "Eu conheço uma madame com um nome bonitão: a Tácita Anunciação."

- O nome dessa pessoa está escrito com letra:

  ☐ minúscula.   ☐ maiúscula.

2. Este outro poema também apresenta o nome de uma pessoa. Vamos ler?

Ilustrações: Camila Godoy

Quem é Lalau

Fala com a lua,
Beija praia,
Acaricia o sol.

Sonha acordado,
Abraça livro,
Namora futebol.

Chora com chuva,
Passeia com passarinho,
Inventa planeta.

Planta sorrisos,
Conversa com versos,
Lalau é poeta.

Lalau e Laurabeatriz. *Quem é quem*. São Paulo: Companhia das Letrinhas, 2002. p. 29.

- Qual é o nome do poeta?

3. Marque com um **X** apenas o que o poeta faz.

☐ Fala com a lua.

☐ Planta sorrisos.

☐ Dorme na chuva.

☐ Sonha dormindo.

● Na sua opinião, é possível fazer o que o poeta faz? Por quê? Converse com um colega.

4. Leia este texto para saber um pouco mais sobre Lalau, o poeta.

Lalau é paulista, poeta e publicitário.

É casado com a Heloísa e tem um filhinho chamado João Gabriel.

Gosta muito de ler, jogar futebol, cozinhar e fazer poesia para crianças.

Lalau e Laurabeatriz. *Quem é quem*. São Paulo: Companhia das Letrinhas, 2002.

a) Em que estado brasileiro Lalau nasceu?

_____

b) Qual é o estado civil de Lalau?

_____

> **Estado civil:** situação de uma pessoa em relação ao casamento.

5. Escreva o nome de quatro objetos iniciados com letra minúscula.

_____

_____

6. Circule no texto da atividade 4 os nomes das pessoas.

● Pinte a primeira letra de cada um desses nomes. O que você observou? Conte para os colegas e o professor.

135

Sopa de letrinhas

1. Adivinhe o que é.
Pista: é um animal e seu nome começa com a letra **G**.

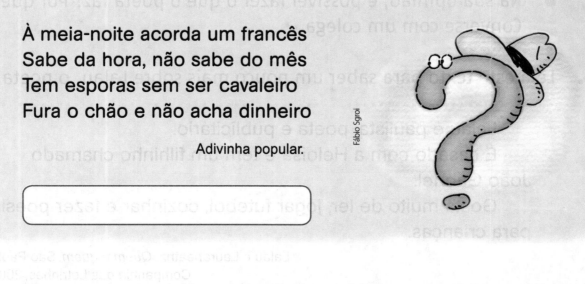

À meia-noite acorda um francês
Sabe da hora, não sabe do mês
Tem esporas sem ser cavaleiro
Fura o chão e não acha dinheiro

Adivinha popular.

2. Pinte a palavra que representa uma característica da "madame" do poema da página 130.

| calada | tagarela | brava | quieta |

3. Leia estas palavras em voz alta.

| galo | tagarela |

● O som da letra **G** é o mesmo nessas palavras?

☐ Sim.   ☐ Não.

4. Agora, leia as palavras deste quadro. Depois, pinte a letra **G** e a vogal que a acompanha.

garota   geladeira   mágico   gota   agulha

• O som da letra **G** é o mesmo em todas essas palavras?

☐ Sim. ☐ Não.

5. Complete as frases com as palavras do quadro da atividade 4.

a) Nas palavras _____ e _____
a letra **G** tem o som **gê**.

b) Nas palavras _____ , _____ e

_____ a letra **G** tem o som **guê**.

6. Será que a letra **J** também representa mais de um som, conforme a vogal que a acompanha? Ordene as sílabas e leia em voz alta as palavras formadas.

| ra | ra | ja | ca | _____ |

| pa | po | je | ni | _____ |

| a | boi | ji | _____ |

| e | lho | jo | _____ |

| ven | ju | de | tu | _____ |

• O que você observou sobre o som que a letra **J** representa?

7. Complete as palavras com **G** ou **J**.

___aiola   lo___a   a___ulha   ti___olo

8. Reúna-se com um colega. Escrevam uma frase com duas palavras da atividade 7.

_____

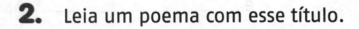

No curso da letra

1. Você já ouviu a expressão **tudo de bom**?
Para você, o que é tudo de bom?

2. Leia um poema com esse título.

TUDO DE BOM

A amizade é uma troca
de carinho e lealdade.
Sem briguinha nem fofoca,
sem inveja e sem maldade.

Ser feliz é ter abrigo,
mas também um compromisso.
Saiba ser um ombro amigo
sem ver hora! Pense nisso!

Eliana Delarissa

Ângela Finzetto. *Poesias para crianças – Amizade*.
Blumenau: Brasileitura, 2004.

● Copie com letra cursiva os pares de palavras que rimam.

3. Dê sua opinião sobre o que faz um amigo de verdade:

nos momentos alegres.

_____

_____

nos momentos difíceis.

_____

_____

4. Crie novos versos para o poema **Tudo de bom**.

_____

_____

_____

● Escreva em uma folha os versos que você criou. Ilustre cada um e mande para um colega desejando a ele tudo de bom!

CAPÍTULO 2

Música também pode ter rima!

Em 1983, Toquinho e Mutinho escreveram a canção **A bicicleta**. Apesar de ser considerada música para crianças, ela também é muito cantada e apreciada por adultos.

A bicicleta

B-I-C-I-C-L-E-T-A
Sou sua amiga bicicleta. } Bis

Sou eu que te levo pelos parques a correr,
Te ajudo a crescer e em duas rodas deslizar.
Em cima de mim o mundo fica à sua mercê
Você roda em mim e o mundo embaixo de você.
Corpo ao vento, pensamento solto pelo ar,
Pra isso acontecer basta você me pedalar.

B-I-C-I-C-L-E-T-A
Sou sua amiga bicicleta. } Bis

Fábio Sgroi

Sou eu que te faço companhia por aí,
Entre ruas, avenidas, na beira do mar.
Eu vou com você comprar e te ajudo a curtir
Picolés, chicletes, figurinhas e gibis.
Rodo a roda e o tempo roda e é hora de voltar,
Pra isso acontecer basta você me pedalar.

B-I-C-I-C-L-E-T-A
Sou sua amiga bicicleta. } Bis

Faz bem pouco tempo entrei na moda pra valer,
Os executivos me procuram sem parar.
Todo mundo vive preocupado em emagrecer,
Até mesmo teus pais resolveram me adotar.
Muita gente ultimamente vem me pedalar
Mas de um jeito estranho que eu não saio do lugar.

B-I-C-I-C-L-E-T-A
Sou sua amiga bicicleta. } Bis

Toquinho e Mutinho. *Pra gente miúda II*.
São Paulo: Universal Music, 2001.

Deslizar: mover-se de forma suave.

À sua mercê: à sua vontade, do jeito que você quiser.

Executivo: pessoa que ocupa cargo de alta responsabilidade em uma empresa.

141

Por dentro da música

1. Na música, quem explica suas próprias características?

_____

- Marque com um **X** os trechos em que é possível perceber quem "fala" na canção.

☐ "Sou sua amiga bicicleta."

☐ "Corpo ao vento, pensamento solto pelo ar,"

☐ "Pra isso acontecer basta você me pedalar."

☐ "Entre ruas, avenidas, na beira do mar."

2. Por que a palavra **B–I–C–I–C–L–E–T–A** foi escrita dessa maneira? Converse com os colegas e o professor antes de responder.

_____

_____

_____

_____

3. Segundo a canção, quem mais procura a bicicleta para pedalar, além das crianças?

_____

4. De acordo com a música, por que a bicicleta está "na moda"?

_____

_____

5. Qual é a sua opinião sobre o uso da bicicleta?

_____

_____

6. Você sabe o que significa a palavra **bis**? Converse com os colegas.

a) Escreva a conclusão a que vocês chegaram.

_____

_____

b) Você já ouviu ou viu essa palavra em outros textos? Quais?

_____

7. Você acha fácil ou difícil andar de bicicleta? Por quê? Converse com os colegas sobre isso.

Faz tempo que elas existem

Modelo copiado do original de Leonardo da Vinci (1452-1519).

Ciclista em 1896.

Exemplos de bicicletas usadas em 1933.

Palavra puxa palavra

1. Observe a cena.

a) Você conhece o significado dessa placa? Qual é?

_____

_____

b) As pessoas da cena respeitaram essa placa? Por quê?

_____

_____

c) Em que rua essas pessoas estão?

d) Observe os nomes das ruas. Eles foram escritos com letra inicial maiúscula ou minúscula?

144

2. Observe as palavras dos quadros e complete as frases.

Recife	Lúcia
Paulo	Alemanha

vestido	menino
cadeira	urso

a) As palavras do quadro _____ começam
com letra minúscula e são nomes de seres e objetos de
modo geral.

b) As palavras do quadro _____ começam com
letra maiúscula e são nomes de pessoas, de um país e de uma
cidade.

3. Escreva nomes de pessoas ou de lugares para as palavras
indicadas. Veja o exemplo.

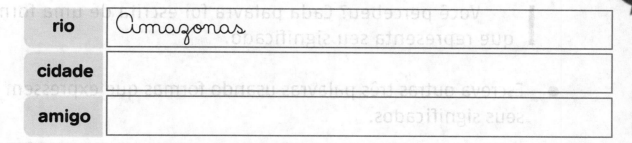

rio	Amazonas
cidade	
amigo	

● Você escreveu esses nomes com letra inicial maiúscula ou
minúscula? Por quê?

4. Circule as palavras que nomeiam seres e objetos de modo geral.

carro	Mato Grosso	boneca	Brasil
Mariana	montanha	Copacabana	cachorro

● As palavras que você circulou podem começar também com
letra maiúscula? Quando isso acontece? Converse com os
colegas e o professor.

1. Veja como estas palavras foram escritas.

Fábio Sgroi

COMPRIDO BONITO GELO TRISTE

| Você percebeu? Cada palavra foi escrita de uma forma que representa seu significado.

● Escreva outras três palavras usando formas que expressem seus significados.

2. Leia o poema **Caracol passarim** com um colega e conversem sobre ele.

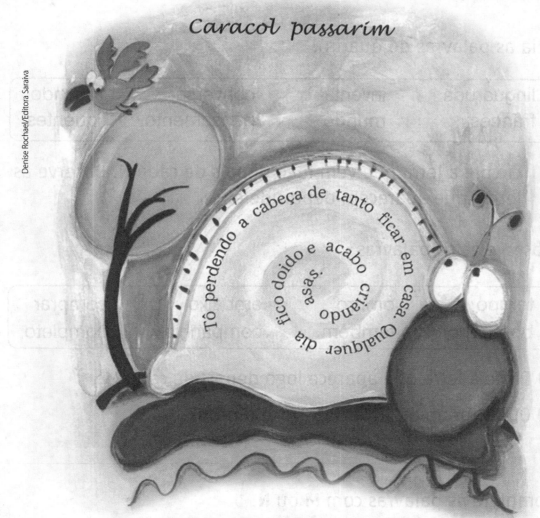

Caracol passarim

Tô perdendo a cabeça de tanto ficar em casa. Qualquer dia fico doido e acabo criando asas. asas.

Denise Rochael/Editora Saraiva

Neusa Sorrenti. *Chorinho de riacho e outros poemas para cantar.* São Paulo: Formato, 2006. p. 12.

3. Por que o título do poema é **Caracol passarim**?

● Qual é o formato do poema? Por que ele foi escrito assim?

4. Reúna-se com dois colegas. Em uma folha à parte, criem um poema relacionando texto e imagem. Para isso, sigam as orientações.

- Façam um desenho. Criem um texto que combine com ele.
- Escrevam o texto dentro do desenho. Inventem um título.

147

Sopa de letrinhas

1. Leia as palavras do quadro.

linguaruda	inventa	conversa	quando
francês	mundo	pensamento	quentes

● Circule a letra que vem logo depois de cada **N**. Observe as letras que aparecem depois dele.

2. Observe estas palavras.

tempo	ombro	embaixo	comprar
bombeiro	também	companhia	completo

a) Pinte a letra que aparece logo depois de cada **M**.

b) Quais foram as letras que você pintou?

_____

3. Complete as palavras com **M** ou **N**.

ATENÇÃO! Escreva as letras adequadas a cada caso.

u___bigo   silê___cio   o___bro

ba___deira   ca___painha   alime___to

co___pra   e___feite   le___bra___ça

ma___cha   li___par   pe___same___to

● Que letra você usou antes do **P** e do **B**?

_____

4. Complete as palavras com as sílabas do quadro.

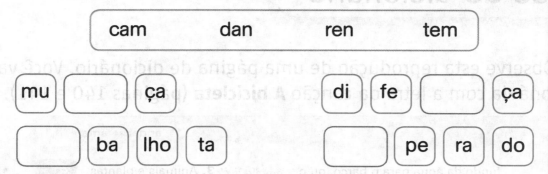

| cam | dan | ren | tem |

mu [ ] ça   di fe [ ] ça

[ ] ba lho ta   [ ] pe ra do

- Escreva outras palavras usando uma sílaba do quadro em cada palavra.

_____

5. Ao copiar o texto, alguém errou a escrita de duas palavras. Descubra quais são elas e circule-as.

Lucas foi passar férias na casa de sua avó Nina. Ele achava que no mumdo não existia outra avó assim como a dele. Tudo que ela fazia era especial. Os bolinhos de chuva, por exenplo, tinham gosto de chuva mesmo, chuva com açúcar e canela.

Biry Sarkis

Eva Furnari. *O circo da Lua*. São Paulo: Ática, 2004.
(As palavras erradas não constam no livro original.)

a) Reúna-se com um colega e conversem sobre esta questão: por que essas palavras estão erradas?

b) Como vocês podem evitar o erro na escrita dessas palavras? Conversem sobre isso.

c) Escreva corretamente as palavras que você circulou.

Uso do dicionário

Observe esta reprodução de uma página de dicionário. Você vai relacioná-la com a letra da canção **A bicicleta** (páginas 140 e 141).

fundo da água para o barco, ou o navio, ficar parado no mesmo lugar.

andar (an.dar)
verbo **1.** Dar passos.
Alzira andou duas quadras para chegar à escola.
2. Ser transportado.
Adriano aprendeu a andar de bicicleta.
substantivo **3.** Piso de um edifício.
O elevador parou no quarto andar.

andorinha (an.do.ri.nha) *substantivo*
Ave que se alimenta só de insetos e viaja longas distâncias.

anedota (a.ne.do.ta) *substantivo*
História curta e engraçada que se conta para as pessoas rirem.
A vovó riu muito da anedota que Anselmo contou.
Sinônimo **piada.**

anel (a.nel) *substantivo*
Argola pequena que se usa no dedo como enfeite.
A pedra do anel era de vidro e se quebrou.

anexar (a.ne.xar) (cs) *verbo*
Colocar alguma coisa junto a outra.
Astrid anexou uma foto no e-mail que enviou para os amigos.

anfíbio (an.fi.bio)
adjetivo **1.** Que vive na terra e também na água.
O sapo é um animal anfíbio.
2. Que se movimenta na terra e na água.
O carro anfíbio atravessou o lago e seguiu adiante pela floresta.

substantivo **3.** Animais e plantas que vivem na terra e também na água.
Os anfíbios nascem na água e depois de adultos vivem também na terra.

ângulo (ân.gu.lo) *substantivo*
Espaço que fica entre duas linhas retas que se cruzam em um mesmo ponto.

animal (a.ni.mal)
substantivo **1.** Ser vivo que tem sensibilidade e consegue se mover.
Angelita queria ver os animais do zoológico.
adjetivo **2.** Que se refere ou pertence aos animais.
Adenilson ganhou um livro sobre o mundo animal.

aniversário (a.ni.ver.sá.ri.o)
substantivo
A data em que se completa um ano ou mais de vida de alguém ou de um acontecimento importante.
Ana Cláudia fez uma festa para comemorar seu aniversário de sete anos.

ano (a.no) *substantivo*
Tempo que a Terra demora para dar uma volta em torno do Sol.
Um ano é dividido em doze meses.

anta (an.ta) *substantivo*
1. Grande mamífero que tem o nariz em forma de uma tromba curta que se mexe.
figurativo **2.** Alguém que fez ou falou uma besteira.

Saraiva Infantil de A a Z – Dicionário da Língua Portuguesa ilustrado.
São Paulo: Saraiva, 2006. p. 11.

11

1. Circule o verbete que tem mais relação com a música **A bicicleta**.

2. Observe as palavras entre parênteses ao lado de cada verbete. O que elas indicam?

_____

_____

- Em cada palavra entre parênteses há uma sílaba pintada de amarelo. O que esse destaque indica? Antes de responder, converse com os colegas e o professor.

  ☐ A sílaba pronunciada com menos força em cada palavra.

  ☐ A sílaba pronunciada com mais força em cada palavra.

3. Observe a lateral direita da página do dicionário. O que aparece nela?

_____

_____

4. Leia os significados do verbete **andar**. Marque com um **X** a frase em que a palavra **andar** tem o mesmo sentido de **caminhar**.

  ☐ A reunião será no oitavo **andar**.

  ☐ Rose precisa **andar** cinco quilômetros todos os dias.

5. Separe as sílabas das palavras.

confete _____

brasileiro _____

151

Gente que faz!

Vamos rever algumas características que os poemas costumam apresentar?

- Uma de suas características é a forma como está distribuído no papel.
- Os versos do poema geralmente não ocupam todo o espaço da linha.
- O título geralmente é curto e dá uma pista sobre o assunto do poema.
- Muitas vezes os poemas têm rimas.

1. Pinte as palavras do poema que rimam.

AMOR

É parecido
Com um
Campo florido.

Tem sabor de pudim
De caramelo,
Com casquinha
De açúcar queimado
E cobertura
De marshmallow.

Pode ser também
Quando alguém
Cuida de um neném.

Ricardo Montanari

Ou, talvez,
Quando contam
Uma história bonita
Mais de uma vez.

Tem cheiro de sabonete.
Tem gosto de sorvete.

É como um brinquedo.
É como um segredo.

Tem que
Ser grande,
Maior que
O mar.
Tem que
Ser lindo,
De fazer
Chorar.

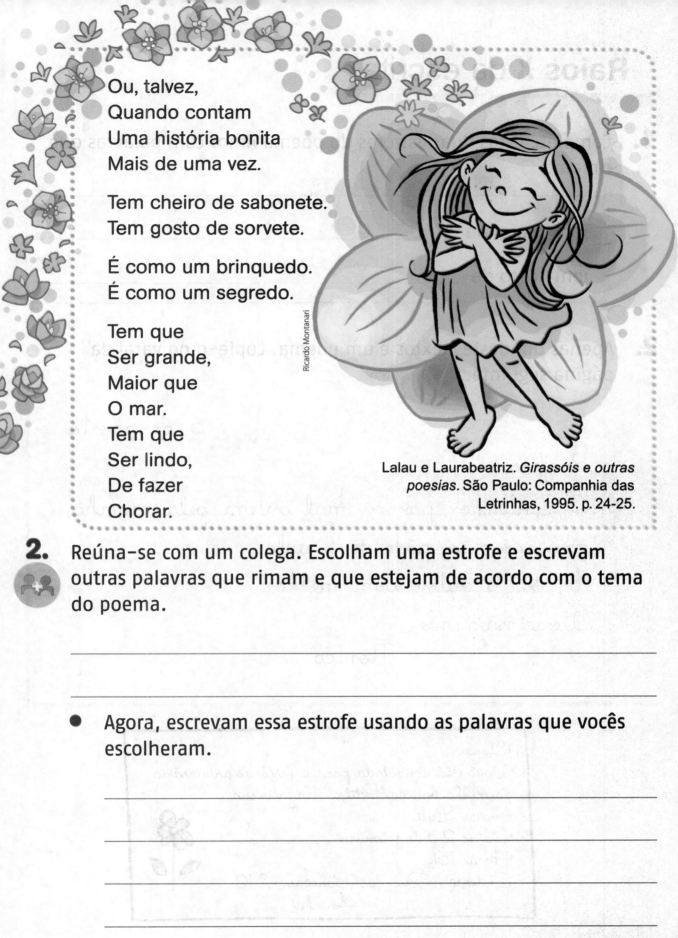

Ricardo Montanari

Lalau e Laurabeatriz. *Girassóis e outras poesias*. São Paulo: Companhia das Letrinhas, 1995. p. 24-25.

2. Reúna-se com um colega. Escolham uma estrofe e escrevam outras palavras que rimam e que estejam de acordo com o tema do poema.

_____

_____

● Agora, escrevam essa estrofe usando as palavras que vocês escolheram.

_____

_____

_____

153

Raios X da escrita

1. Complete estas duas estrofes do poema **Amor** com palavras que rimam.

Tem cheiro de _____.

Tem gosto de _____.

2. Apenas um destes textos é um poema. Copie-o no varal da página seguinte.

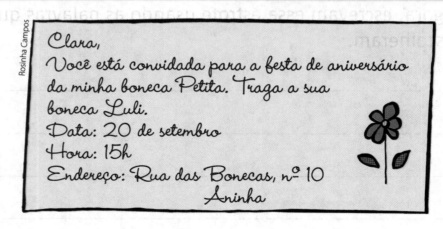

15 de agosto

Professora,

O Carlinhos passou mal ontem pela manhã, por isso não pôde ir à aula. Hoje ele acordou bem melhor!

Atenciosamente,

Mônica

Rosinha Campos

Clara,
Você está convidada para a festa de aniversário da minha boneca Petita. Traga a sua boneca Luli.
Data: 20 de setembro
Hora: 15h
Endereço: Rua das Bonecas, nº 10
Aninha

Ilustrações: Rosinha Campos

Filharada

A joaninha
Casou
Com o pirilampo.

Os filhos
Nasceram
Pintadinhos,
Pareciam
Com sarampo.

Lalau e Laurabeatriz.
Girassóis e outras poesias.
São Paulo: Companhia
das Letrinhas, 1995. p. 10.

Conversa vai, conversa vem...

1. Vamos brincar de **O que é, o que é?** Para isso, vocês devem se dividir em dois grupos.
Cada grupo responde às adivinhas. Vence aquele que acertar mais respostas. Boa sorte!

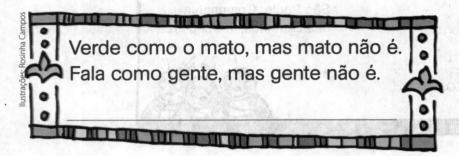

Verde como o mato, mas mato não é.
Fala como gente, mas gente não é.

_____

Tece sua teia, mas não para vestir.
É uma armadilha para a presa cair.

_____

Tem barba, mas não é homem.
Tem dente, mas não é gente.

_____

Vive na terra e na água; coaxa
no lago, com o Sol e a Lua.

_____

Ilustrações: Rosinha Campos

Ilustrações: Rosinha Campos

Cai em pé e corre deitada.

_____

Quem tem procura.
Quem não tem, não quer.

_____

Tem duas pernas, mas
não anda sozinha.

_____

No circo ganha a vida, só
faz palhaçada.
É a alegria da garotada.

_____

O que mais gasta
sapatos sem ter pés?

_____

Adivinhas populares.

SUGESTÃO
DE LEITURA

**Bem-te-vi e outras
poesias**, de Lalau e
Laurabeatriz, Companhia
das Letrinhas.

Poemas para brincar,
de José Paulo Paes, Ática.

Orelha de limão,
de Katja Reider,
Brinque-Book.

157

REDE DE IDEIAS

ORGANIZAR

1. Complete as palavras com **G** ou **J**.

_____enipapo _____iló _____eneral _____uri

maracu_____á _____ibi a_____udante _____ambá

2. Desafio! Escreva uma frase com o maior número de palavras iniciadas por **J** que você conseguir.

_____

_____

_____

3. Complete as frases com os nomes das figuras. Pista: antes de **P** e **B** não usamos a letra **N**.

a) A menina toca _____ muito bem.

b) Mamãe esqueceu de colocar a _____ na garrafa.

c) Vinícius achou uma linda _____ na praia.

Ilustrações: Teresa Berlinck

4. Complete o texto, dando sentido a ele.

_____ foi visitar _____ em

_____ . Ela gostou muito da visita, pois

foi à _____ , nadou, construiu _____ ...

Enfim, divertiu-se durante o _____ todo. Também

conheceu alguns _____ . Eles acabaram se

tornando _____ .

5. Agora, releia o texto que você completou e responda à questão.

● Em que palavras você usou letra maiúscula? Por quê?

AMPLIAR

6. Vamos montar um minidicionário de rimas?

● Dobrem algumas folhas de papel ao meio e coloquem uma dentro da outra, como se fosse um livro.

● Escolham algumas terminações para rimar e escrevam no topo de cada página.

Ilustrações: Teresa Berlinck

Conforme vocês se lembrarem de palavras que rimem com as terminações escolhidas, escrevam essas palavras nas páginas correspondentes.

UNIDADE 6

Você conhece as lendas brasileiras?

Lucio Bouvier

IMAGEM E CONTEXTO

1. Circule na ilustração os personagens indicados nos quadros.

Boto   Curupira   Saci-Pererê   Iara

2. Converse com os colegas sobre esses seres. Falem de suas características e relembrem as lendas que vocês conhecem.

3. Há pessoas que têm medo de alguns desses seres. Você tem medo de algum? Diga qual e explique por quê.

CAPÍTULO 1

Lenda à brasileira

Elias José escreveu um poema sobre os sonhos do Saci-Pererê, um personagem conhecido no Brasil todo. Que sonhos serão esses?

Os sonhos do Saci

Saci-Pererê
saracoteia na mata.
Saci-Pererê
só assusta, não mata.

Saci sirigaita,
solitário e sabichão.
Saci agarra a gaita
e toca uma canção.

Saci, lá no sítio,
apronta um sururu.
Saci, em seu sonho,
dança o cururu.

Saci, em seu sonho,
é mais serelepe.
Saci, em seu sonho,
é bem mais risonho,
é bem mais moleque.

Saci, lá na selva,
salta e samba só.
Saci, lá na relva,
sonha que dá dó.

Com quem sonha o Saci?
Saci, com quem será?

– Eu sonho com duas pernas,
Saltando de lá pra cá...

Camila Godoy

Elias José. *Cantos de encantamento*. Belo Horizonte: Formato, 1996. p. 9.

1. Com um colega, relacionem cada palavra a seu significado.

1	saracoteia		Esperto, travesso.
2	sirigaita		Não para em um lugar, sacode-se.
3	sururu		Tumulto, bagunça, conflito.
4	cururu		Dança de roda.
5	serelepe		Assanhado, exibido.
6	relva		Capim, grama rasteira.

2. Reúna-se com um colega e respondam: qual é o significado da palavra **mata** em cada um destes versos?

"saracoteia na **mata**."	"só assusta, não **mata**."
↓	↓

3. Releia o poema em voz alta. Que som mais se repete?

_____

● Na sua opinião, por que o autor usou várias palavras com o mesmo som?

_____

_____

Quem é o Saci?

Você vai ler um texto para saber mais sobre o Saci.

Saci-Pererê

O Saci-Pererê tem sua origem em Portugal. É um moleque negrinho, de olhos vermelhos, com uma perna só.

Vive pelado e não se separa do seu cachimbo. Usa na cabeça uma carapuça vermelha, na qual está depositado todo o seu poder sobrenatural.

O Saci aparece e desaparece no meio de um redemoinho. Na mata, quando se escuta um assobio longo, já se sabe: ele está por perto.

Gosta de montar a cavalo e galopar. É um moleque engraçado e divertido, que adora fazer estripulias. Apaga fogo de fogão, derrama alimentos, dá nós nas crinas dos cavalos, revira os ninhos, embaraça os novelos de linha, quebra a ponta das agulhas, e faz um tanto de outras pequenas maldades.

O Saci não atravessa córregos nem riachos. Persegue as pessoas e só interrompe a perseguição para desfazer nós em cordas ou tecidos, atirados no caminho pelo perseguido.

Monteiro Lobato, no livro *O Saci*, ensina que o melhor jeito de se pegar um é com uma peneira de cruzeta. Esse tipo de peneira tem duas taquaras mais largas que se cruzam bem no meio dela.

O método é simples: quando o vento trouxer um redemoinho de folhas secas e poeira, joga-se a peneira, emborcada, sobre ele. Como em todo redemoinho há um Saci, ele ficará preso debaixo da peneira. Depois disso, coloca-se o Saci dentro de uma garrafa e tapa-se com uma rolha. (…)

Fábio Sgroi

Estripulias: travessuras.

Marcelo Xavier. *Mitos — O folclore do mestre André.*
Belo Horizonte: Formato, 1997. p. 12.

1. Marque com um **X** as travessuras que o Saci faz.

☐ Dá nós nas crinas dos cavalos.

☐ Derrama alimentos.

☐ Desembaraça novelos de linha.

☐ Apaga fogo de fogão.

☐ Faz muitas bondades.

☐ Revira os ninhos.

☐ Quebra a ponta de agulhas.

☐ Embaraça novelos de linha.

2. Escreva três características do Saci-Pererê.

_____

_____

3. Onde está depositado o poder sobrenatural do Saci?

_____

4. Os textos **Os sonhos do Saci** e **Saci-Pererê** têm características diferentes, mas falam sobre o mesmo personagem. Converse sobre isso com os colegas e escreva duas características de cada texto.

_____

_____

_____

_____

Fábio Sgroi

165

Palavra puxa palavra

1. Releia este trecho do texto **Saci-Pererê** e observe as palavras destacadas.

> "O método é simples: quando o **vento** trouxer um redemoinho de **folhas** secas e poeira, joga-se a **peneira**, emborcada, sobre ele. Como em todo **redemoinho** há um Saci, ele ficará preso debaixo da peneira. Depois disso, coloca-se o Saci dentro de uma **garrafa** e tapa-se com uma rolha."

a) Organize as palavras destacadas nas colunas correspondentes.

Palavras no masculino	Palavras no feminino

b) Encontre no texto outras palavras no masculino e no feminino e anote-as na tabela.

2. Complete o trecho do texto **Saci-Pererê** da página seguinte com algumas palavras deste quadro.

cachimbo	moleque	pequenas	pequenos
cavalos	moleca	engraçado	novelos

"É um _____

e divertido, que adora fazer estripulias. Apaga fogo de fogão,

derrama alimentos, dá nós nas crinas dos _____,

revira os ninhos, embaraça os _____ de

linha, quebra a ponta das agulhas, e faz um tanto de outras

_____ maldades."

3. Escreva os nomes destes personagens do folclore brasileiro na coluna correspondente.

Boitatá	Mula-sem-cabeça	Cuca	Curupira

Personagens femininos	Personagens masculinos

Identificamos que uma palavra é **masculina** quando podemos usar **o, os, um, uns** antes dela.
Identificamos que uma palavra é **feminina** quando podemos usar **a, as, uma, umas** antes dela.

4. Complete as palavras com **O, OS, A** ou **AS**. Depois preencha a frase.

_____ cachimbo   _____ ninhos   _____ crinas   _____ agulha

Há _____ palavras masculinas e _____ femininas.

167

Sopa de letrinhas

1. Leia os trechos do texto **Saci-Pererê** e circule a última letra das palavras destacadas.

> "Gosta de **montar** a cavalo e **galopar**. É um moleque engraçado e divertido, que adora **fazer** estripulias."

> "Persegue as pessoas e só interrompe a perseguição para **desfazer** nós em cordas ou tecidos, atirados no caminho pelo perseguido."

> "Monteiro Lobato, no livro *O Saci*, ensina que o melhor jeito de se **pegar** um é com uma peneira de cruzeta."

2. Encontre seis palavras no diagrama. Pista: todas terminam com **R**.

G	E	G	B	A	M	A	R	R	A	R	R	A	T	R	U
P	U	L	A	R	U	S	E	P	E	G	A	R	B	R	Ç
Z	G	T	C	H	J	M	C	L	M	A	P	L	F	S	W
C	R	I	R	R	R	A	R	K	X	A	P	A	G	A	R
Y	U	J	E	Ê	Y	G	A	V	Z	I	A	N	N	W	F
G	H	H	T	E	L	H	D	E	S	F	A	Z	E	R	A

a) Fale em voz alta as palavras encontradas. Você pronunciou o **R** no final das palavras?

b) Na sua opinião, às vezes as pessoas se esquecem de colocar o **R** quando escrevem palavras que terminam com essa letra?

☐ Sim.   ☐ Não.

168

3. Você conhece esta canção? Ela também faz parte do folclore brasileiro e é cantada há várias gerações.

- Complete a letra da canção. Pista: as palavras que faltam terminam com a letra **R**.

Nana, nenê

que a cuca vem _____
Papai foi na roça

mamãe foi _____

Bicho-papão
sai de cima do telhado.
Deixa o menino

_____ sossegado.

Canção popular.

4. Pesquise (em jornais, revistas, internet) e cole em uma folha à parte palavras terminadas com a letra **R**.

a) Depois de terminar o trabalho, compare sua pesquisa com a de um colega. Vocês acharam palavras iguais?

b) Escolha cinco palavras que você pesquisou, que não sejam iguais às de seu colega, e faça um ditado para ele.

_____

_____

_____

Uso do dicionário

1. Você lembra como são organizados os verbetes nos dicionários? Marque com um **X** a resposta correta.

☐ Os verbetes são aplicados de acordo com o número de sílabas.

☐ Os verbetes são organizados por assuntos.

☐ Os verbetes são colocados em ordem alfabética.

2. Para que servem as palavras colocadas no alto da página de um dicionário?

_____

_____

_____

3. Ligue cada palavra a seu significado.

| artesanato | Conjunto de conhecimentos passados de geração a geração. |

| cultura | Grande conhecimento, saber. |

| sabedoria | Objeto ou conjunto de objetos feito por pessoas que exercem um ofício manual ou uma arte por conta própria. |

4. Escreva estas palavras em ordem alfabética.

| mito | folclore | lenda |

_____

5. Localize as palavras do exercício 4 em um dicionário e escreva seus significados.

_____

_____

_____

_____

_____

6. Complete as frases com as palavras que você procurou no dicionário.

Preste atenção aos significados das palavras.

a) A história da Iara faz parte do _____ brasileiro.

b) Qual é a _____ de que você mais gosta?

c) Você sabe o que é um _____ ?

CAPÍTULO 2

Histórias de indígenas

Você vai conhecer outra lenda de nosso folclore.

Márcio Levyman

Os meninos que viraram estrelas

Quem vai ao Mato Grosso se encanta com o céu estrelado. Conta-se por lá que as estrelas nasceram da amizade entre uns indiozinhos e um beija-flor, que sempre os acompanhava em suas estripulias.

Certo dia, as índias da tribo foram colher milho para fazer comidas gostosas para seus maridos, que estavam caçando. Depois de debulhar as espigas, cantando despreocupadas, puseram os grãos para secar ao sol. Enquanto o milho secava, as índias foram se banhar no rio.

Os curumins observaram tudo aquilo loucos para que o milho secasse logo e eles pudessem comer afinal os quitutes prometidos. Mas não tiveram paciência de esperar. Pediram à avó, já bem velhinha, que fizesse logo um bolo para eles. Tanto insistiram, que a vovó fez o bolo, devorado por eles num abrir e fechar de olhos.

O papagaio tagarela, que a tudo assistia, ameaçava:

– Vou contar tudo para as índias. Vou contar que vocês usaram o milho e encheram a barriga com o que era guardado para os guerreiros... Vou contar tudo – repetia.

Com medo de levar uns bons cascudos, os curumins foram correndo se esconder na mata.

Assim que as índias retornaram à aldeia, o papagaio deu com a língua no bico. Contou o acontecido, tintim por tintim. As mães dos meninos ficaram furiosas e prometeram uma surra bem dada quando eles aparecessem.

Sabendo o que os esperava, os indiozinhos passaram a tarde emendando um no outro os cipós da floresta. Agarraram-se então na corda comprida que assim fizeram e pediram ao amigo beija-flor que pegasse a ponta do cipó no bico e voasse o mais alto que pudesse. E lá se foi a avezinha, levando para o céu o cipó apinhado de meninos.

As índias, desesperadas, chamavam o beija-flor de volta. Mas quanto mais elas chamavam, mais alto ele voava.

À medida que iam subindo, os meninos choravam, e cada lágrima que caía virava uma estrela solta no ar. Fascinados, os curumins continuaram a brincadeira e não voltaram mais para a aldeia. Ficaram morando no céu.

Fez-se um colar imenso de estrelas. Quando a saudade bate forte, mães e filhos trocam olhares. Dizem que em cada estrela que brilha desvenda-se um segredo do Universo.

Sávia Dumont. *Os meninos que viraram estrelas, e outras histórias brasileiras*. São Paulo: Companhia das Letrinhas, 2002. p. 43-44.

Debulhar: extrair os grãos ou sementes.
Quitute: petisco.

173

1. No Mato Grosso conta-se que as estrelas nasceram da amizade entre:

☐ indiozinhos e um papagaio.

☐ indiozinhos e um beija-flor.

2. O que os curumins pediram para a avó?

_____

_____

3. Os indiozinhos comeram o bolo **num abrir e fechar de olhos**. O que significa a expressão destacada?

☐ Eles comeram o bolo rapidamente.

☐ Eles comeram o bolo bem devagar.

4. A expressão **dar com a língua nos dentes** significa **revelar um segredo de outra pessoa**. No texto foi usada uma variação dessa expressão. Qual é ela?

_____

● Por que houve essa mudança na expressão original?

☐ Porque quem contou o segredo foi o beija-flor, que tem bico.

☐ Porque quem contou o segredo foi o papagaio, que tem bico.

5. Qual é o significado da expressão **tintim por tintim**?

_____

● Conte uma situação em que alguém explicou algo para você tintim por tintim.

6. Imagine como os indiozinhos pediram ao beija-flor que pegasse a ponta do cipó no bico e voasse o mais alto que pudesse. Escreva as falas no balão.

Teresa Berlinck

7. Converse com o professor e os colegas sobre as atitudes dos indiozinhos em cada situação.

a) Quando pediram à avó para fazer um bolo com o milho que as mulheres deixaram secar.

b) Quando fugiram de suas mães.

8. Você já fez alguma coisa errada e teve medo de assumir? Como resolveu a situação? Conte para os colegas e o professor.

175

Palavra puxa palavra

1. Escreva estas frases do texto, substituindo as palavras destacadas por outras que tenham significados parecidos.

a) "Fez-se um colar **imenso** de estrelas."

_____

_____

b) "E lá se foi a avezinha, levando para o céu o cipó **apinhado** de meninos."

_____

_____

_____

2. Releia esta frase do texto.

"As índias, **desesperadas**, chamavam o beija-flor de volta. Mas quanto mais elas chamavam, mais **alto** ele voava."

● Copie a frase, trocando as palavras destacadas por outras que tenham sentido oposto.

_____

_____

_____

3. Circule os pares de palavras que têm significados opostos.

pio – piado	em cima – embaixo	claro – escuro
muito – pouco	andar – caminhar	chão – piso

4. Complete o texto que segue com as palavras do quadro.

congelar	clareado	gramado	poucas
molhado	abandonada	caminhar	muito

Eliana Delarissa

Lúcia acordou _____ cedo para _____ .

O dia ainda não tinha _____ , e o _____

parecia um tapete _____ . _____ pessoas

estavam na rua, o frio era de _____ . Parecia

que a cidade estava _____ .

Que comparação!

Leia a frase.

O pai dos meninos é forte **como** um touro!

A frase afirma que o **pai** dos meninos se parece com um **touro** por uma característica: ser **forte**. Ou seja, foi feita uma **comparação** entre o pai e o touro.

1. Descubra os elementos de comparação nas frases. Veja o exemplo.

a) Meus dentes estão brancos como o leite.

b) A água está gelada como um sorvete.

c) Ana nada como um peixinho.

2. Complete as comparações.

a) Esse cachorrinho é fofo como _____.

b) Na maratona, Rafael correu como _____.

c) O vestido da princesa é lindo como _____.

3. Escreva o nome de dois elementos para cada uma destas características.

_____	mole	_____
_____	alto	_____
_____	cheiroso	_____

4. Leia a tirinha.

VOCÊ É UM PRÍNCIPE!

Eliana Delarissa

● O menino é realmente um príncipe? O que a menina quis dizer?

_____

_____

Sopa de letrinhas

1. Organize as palavras destacadas nas colunas correspondentes, de acordo com o som fraco ou forte do **R**.

> "– Vou contar tudo **para** as índias. Vou contar que vocês **usaram** o milho e **encheram** a **barriga** com o que **era** guardado para os **guerreiros**... Vou contar tudo – **repetia**."

Som forte do R no início da palavra	Som fraco do R no meio da palavra	Som forte do R no meio da palavra

2. Com base na atividade anterior, responda às questões.

a) Como se indica na escrita o som forte do **R** no início da palavra?

_____

b) Como se indica na escrita o som fraco do **R** entre duas vogais?

_____

c) Como se indica na escrita o som forte do **R** entre duas vogais?

_____

3. Complete as palavras com **R** ou **RR**.

a) _____iacho

d) ca_____oço

g) ca_____oça

b) a_____ado

e) _____ico

h) a_____emessar

c) co_____ação

f) a_____oz

i) co_____ida

4. Observe o par de palavras representado nas ilustrações.

QUE **CARO**!

Eliana Delarissa

Eliana Delarissa

_____caro_____

_____carro_____

5. Complete as frases com as palavras dos pares indicados entre parênteses. Pista: antes de completar, leia a palavra em voz alta e veja se o **R** tem som forte ou som fraco.

a) Meu pai não comprou o _____, pois ele era

muito _____. (caro/carro)

b) A _____ _____ a jarra. (aranha/

arranha)

c) Atrás da casa onde eu _____ há um

_____ bem alto. (moro/morro)

Gente que faz!

As histórias do Saci-Pererê e a história dos meninos que viraram estrelas são lendas do folclore brasileiro.

> **Folclore** é o conjunto de lendas, mitos, crenças, tradições e costumes, transmitidos de uma geração a outra, pertencentes à cultura popular. Ele faz parte da riqueza cultural de uma sociedade.

Veja outras características do folclore.

- É transmitido tanto pela língua falada como pela escrita.
- É anônimo, ou seja, não tem autores conhecidos.
- Representa a criatividade livre e espontânea de um povo.

As danças regionais, a culinária, o artesanato, as canções populares e a linguagem típica de uma região também fazem parte do folclore.

Acarajé com vatapá, salada e camarão seco, Bahia.

Cavalhada, festa popular, Goiás.

Artesanato com areia colorida, Ceará.

Renda de bilro, Ceará.

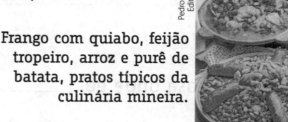

Frango com quiabo, feijão tropeiro, arroz e purê de batata, pratos típicos da culinária mineira.

1. Você leu dois textos sobre o Saci-Pererê.
Escreva essa lenda à sua maneira.

> Procure explicar bem as características do personagem.
> Não se esqueça de usar letra maiúscula no início das frases e
> nos nomes próprios.

_____

_____

_____

_____

_____

_____

_____

_____

_____

_____

_____

_____

Lendas são histórias antigas, transmitidas de uma geração a outra. De modo geral, as lendas não são narrativas longas. Seus personagens têm características mágicas, e alguns fazem travessuras com as pessoas.

Livro publicado em 1911.

Livro publicado em 1974.

Livro publicado em 1975.

Quando se faz uma narrativa, ou seja, quando se conta uma história, é importante caracterizar bem os personagens, para que o leitor ou o ouvinte possa imaginá-los com mais detalhes.

1. Verifique se o texto que você escreveu na página anterior tem essas características. Além disso, confirme também se você:

- usou os sinais de pontuação corretamente.
- escreveu o início das frases e os nomes dos personagens com letra inicial maiúscula.

Se precisar, corrija seu texto.

2. Recorte da página 263 as partes que compõem a lenda da Iara. Depois, organize a história e cole-a abaixo.

Sávia Dumont. *Os meninos que viraram estrelas, e outras histórias brasileiras.* São Paulo: Companhia das Letrinhas, 2002. p. 15.

Márcia Széliga

1. Leia silenciosamente a lenda.

A lenda da vitória-régia

Havia uma índia jovem e bonita chamada Naiá, filha de um chefe e princesa da tribo. Sabendo que a Lua era um guerreiro, por ele se apaixonou. Todas as noites, por muito tempo, ela subia as colinas e perseguia a Lua na esperança de que a visse e a transformasse em estrela. Porém a Lua não notava a sua presença e Naiá chorava de tristeza. Uma noite, Naiá chegou à beira de um lago e viu nas águas a imagem da Lua refletida. Ficou radiante! Acreditando que a Lua veio buscá-la, atirou-se nas águas profundas do lago e nunca mais foi vista.

Penalizada com o destino da bela índia, a Lua recompensou seu sacrifício, transformando-a em uma estrela diferente, numa "Estrela das águas", que é a planta vitória-régia.

Rosinha Campos

A vitória-régia é uma planta cujas flores perfumadas e brancas abrem-se somente à noite, recebendo em sua corola rosada os raios amarelos do seu amado.

Penalizada: com pena de alguém.

Tânia Dias Queiroz e Leila Maria Grillo. *Origami & folclore*. São Paulo: Êxito, 2003. p. 60.

2. Reúna-se com alguns colegas. Planejem uma encenação do texto **A lenda da vitória-régia** usando os materiais presentes na classe.

André Flauzino

- Depois da apresentação, ouçam a opinião dos outros colegas para saber se vocês conseguiram encenar a história de modo claro e se mostraram os principais momentos dela.

SUGESTÃO DE LEITURA

A risada do Saci, de Regina Chamlian, Ática.

Cantos de encantamento, de Elias José, Formato.

Os meninos que viraram estrelas, e outras histórias do Brasil, de Sávia Dumont, Companhia das Letrinhas.

REDE DE IDEIAS

ORGANIZAR

1. Leia o trava-língua várias vezes, cada vez mais rápido.

Lá em cima daquele morro
Mora aranha, mora arara
Quando arara arranha aranha
Aranha arranha arara.

Trava-língua popular.

Rosinha Campos

● Organize nas colunas correspondentes as palavras do texto que têm **R** e **RR**.

R	RR

2. Leia estas palavras em voz alta. Depois, complete as frases.

> morro   aranha   arranha   arara   raro

a) O som forte do **R** é indicado na escrita por _____.

b) O som fraco do **R** é indicado na escrita por _____.

3. Classifique as expressões de acordo com os critérios da tabela.

> camisetas escuras   leopardo veloz
> cachorro feroz   menina levada

Expressões no feminino	Expressões no masculino

4. Escreva uma frase com:

a) uma palavra com sentido oposto a **levada**.

_____

b) uma palavra com sentido semelhante a **feroz**.

_____

5. Leia o texto.

> A lenda é uma narrativa criada pela tradição oral, com o objetivo de explicar fatos e fenômenos para os quais não existem explicações precisas.
>
> Irene A. Machado. *Literatura e redação – Conteúdo e metodologia da Língua Portuguesa*. São Paulo: Scipione, 1994. p. 111.

 ● Conte aos colegas uma lenda que você conhece. Caso não saiba nenhuma, peça a um adulto que ensine uma a você.

UNIDADE **7**

De dar água na boca!

IMAGEM E CONTEXTO

1. Circule na cena estes objetos.

forma de bolo em formato de coração   colher de pau

liquidificador   livro de receitas fechado

2. Reúna-se com um colega e respondam: que cuidados devemos ter quando vamos preparar alimentos?

_____

_____

_____

3. Na sua opinião, o que faz uma receita ser mais gostosa? Converse com os colegas e com o professor.

CAPÍTULO 1

Abra a boca e feche os olhos!

Você vai aprender a fazer uma receita chamada **Batida dourada**. Veja por que ela tem esse nome.

Batida dourada

Ingredientes

$1/2$ xícara de leite condensado
1 copo de suco de laranja
1 xícara de água mineral
$1/2$ maçã picada
gelo

Rita Barreto

Modo de fazer

1. Coloque no liquidificador o leite condensado, o suco de laranja e a água mineral. Ligue e deixe bater um pouco para misturar bem.
2. Sirva com os pedaços de maçã e pedras de gelo à vontade. (...)

$1/2$: meia, metade.

Ziraldo. *O livro de receitas do Menino Maluquinho – Receitas da Tia Emma.* Porto Alegre: L&PM, 1996. p. 16.

1. Circule os ingredientes necessários para fazer a **Batida dourada**.

leite	água mineral	maçã
café	suco de laranja	suco de pera
gelo	leite condensado	morango

2. Por que os ingredientes são colocados antes do modo de fazer?

_____

_____

_____

_____

3. No final da receita **Batida dourada**, além do que foi colocado na página anterior, há um item com sugestões. Veja.

Sugestões

1. Substitua o suco de laranja por guaraná ou limonada.
2. Use abacaxi em pedaços no lugar da maçã. Utilize uma colher longa para comer os pedaços da fruta.
3. Substitua o gelo por um pouco de sorvete.

Ziraldo. *O livro de receitas do Menino Maluquinho – Receitas da Tia Emma*. Porto Alegre: L&PM, 1996. p. 16.

a) Converse com os colegas: para que servem as sugestões?

b) Que nome você daria à receita se o suco de laranja fosse substituído por limonada?

_____

Conjunto de delícias!

Onde podemos encontrar receitas culinárias?
Veja algumas possibilidades.

Companhia Editora Nacional, 2005 / Editora Globo, 2005/2001 Tv Globo / Monteiro Lobato

▲

Livro *Dona Benta para crianças – Com a turma do Sítio do Picapau Amarelo*. São Paulo: Nacional/ Globo, 2005. p. 65.

Editora Abril

Revista *Recreio*. São Paulo: Abril, 20 de julho de 2006. p. 18. ▶

1. De onde foram reproduzidas essas receitas?

☐ Revista e internet.

☐ Revista, jornal, livro.

☐ Livro, jornal, internet.

☐ Livro e revista.

● Em que outros lugares encontramos receitas culinárias?

_____

_____

2. Quem prepara os alimentos em sua casa?

_____

● Essa pessoa costuma pesquisar receitas culinárias? Onde?

_____

_____

3. Na sua opinião, onde é mais fácil encontrar receitas culinárias? Por quê?

_____

_____

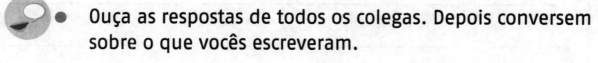

● Ouça as respostas de todos os colegas. Depois conversem sobre o que vocês escreveram.

Companhia Editora Nacional, 2005 / Editora Globo, 2005/2001 Tv Globo / Monteiro Lobato

Palavra puxa palavra

1. Imagine um sanduíche recheado com estes ingredientes.

Uma fatia de queijo.　　Uma folha de alface.　　Uma rodela de tomate.

● Qual seria a quantidade necessária de ingredientes para o preparo de dois sanduíches?

_____

_____

> A palavra **fatia** indica um só elemento. Ela está no **singular**.
> O termo **fatias** indica mais de um elemento. Ele está no **plural**.

2. Passe as palavras do singular para o plural. Veja o exemplo.

ovo _ovos_　　　　　　　abacaxi _____

batata _____　　abacate _____

● Qual é a diferença entre o singular e o plural dessas palavras?

_____

_____

196

A maneira mais comum de formar o plural é acrescentar **S** ao final da palavra no singular. Veja alguns exemplos.

comida ➡ comida**s**   suco ➡ suco**s**   carne ➡ carne**s**

3. Complete as frases com palavras no plural.

a) A cozinheira gosta de preparar _____ .

b) Os _____ preferidos de Guilherme são: sopa, macarronada e bife.

4. Copie as frases, passando as palavras destacadas para o plural.

a) Carlos comprou **iogurte** e **chocolate** com a mesada.

_____

_____

b) Rosane descascou **laranja** e **maçã** para fazer uma vitamina.

_____

_____

c) Luís gosta de salada de **cenoura** e **beterraba**.

_____

_____

d) Marina foi a um restaurante que só servia **sopa**.

_____

_____

Sopa de letrinhas

1. O que as fotografias mostram? Escreva.

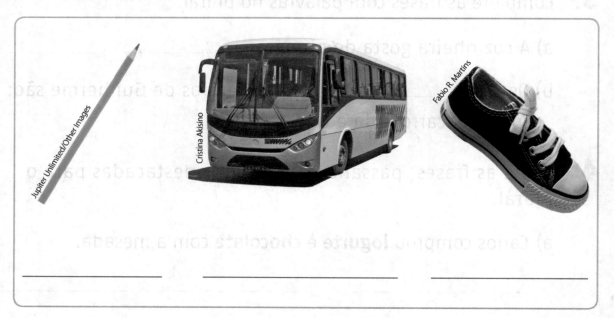

_____ _____ _____

● Complete as frases com os nomes que você escreveu.

a) Na garagem há três _____.

b) Guardei na sapateira meus chinelos e meus pares de

_____ .

c) Luciana ganhou uma caixa com 24 _____

de cor lindos!

2. Releia os nomes das fotografias e as frases da atividade anterior. Depois, complete esta frase.

Usamos as palavras **lápis**, **ônibus** e **tênis** da mesma

maneira para indicar _____ elemento ou

_____ elementos.

3. Copie as frases passando as palavras destacadas para o plural.

a) A **biblioteca** vai fechar para reforma.

_____

_____

b) Ela foi almoçar com **uma amiga** do colégio.

_____

_____

4. Circule as palavras que estão no singular.

alhos	mês	país	livros
japonês	cartas	lilás	cores

| Existem palavras que terminam com a letra **S** e **não** estão no plural.

5. Escreva as palavras do quadro nas colunas correspondentes.

livros	pai	grupo	muro
férias	sapatos	país	brincos

Palavras no singular	Palavras no plural

199

1. Leia as perguntas e escreva nas pautas caligráficas as respostas que você considera corretas.

VOCÊ ENTENDE DE CHOCOLATE?

1. Em que planta nasce o fruto usado para fazer chocolate?

Envision/Corbis/Latinstock

A   No cacaueiro.

B   Na chocolateira.

C   No coqueiro.

2. Com que parte do fruto se faz a massa usada no chocolate?

Jupiter Unlimited/Other Images

A   A casca.

B   A polpa.

C   As sementes.

3. Qual destes doces leva chocolate?

Jupiter Unlimited/Other Images

Jupiter Unlimited/Other Images

A   Romeu-e-julieta.

B   Papo-de-anjo.

C   Trufa.

4. Que povo europeu manteve a receita de chocolate em segredo por quase 100 anos?

A Os espanhóis.

B Os australianos.

C Os portugueses.

Revista *Recreio*. São Paulo: Abril, 10 de abril de 2003. p. 6-7. (Fragmentos.)

● Anote a quantidade de respostas que você acertou.

2. Escreva o nome de cinco colegas e a quantidade de acertos de cada um. Compare com o número de respostas corretas que você deu. Quem acertou mais?

Nomes	Acertos

201

CAPÍTULO 2

Brinquedo de papel

Assim como a receita **Batida dourada**, o texto a seguir é instrucional.

Ele é chamado **texto instrucional** porque dá instruções, isto é, ensina como fazer algo passo a passo.

Tira-sorte das flores

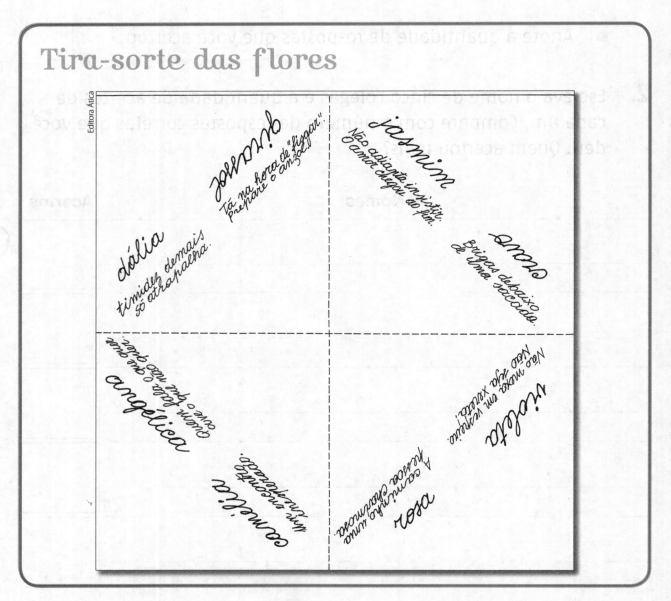

Editora Ática

COMO FAZER

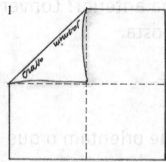

1

Coloque o papel sobre uma mesa, com o lado escrito para baixo. Dobre todas as pontas em direção ao centro.

2

Vai ficar assim.

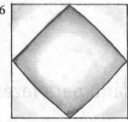

3

Vire o papel do outro lado e faça de novo a mesma coisa com as pontas.

4

Vai ficar assim.

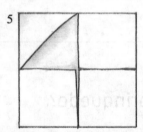

5

Vire o papel do outro lado e dobre as pontas para dentro.

6

Vai ficar assim.

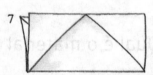

7

Dobre outra vez, ao meio.

Encaixe o polegar e o indicador das duas mãos nos buraquinhos formados. Faça movimentos de abrir e fechar, para a frente e para os lados.

Chame um amigo e peça a ele que escolha um número de 1 a 7. Se for o 5, por exemplo, abra e feche o tira-sorte 5 vezes. A pessoa vai poder escolher uma das 4 flores que aparecerem. Se escolher jasmim, por exemplo, você lê para ela o que estiver escrito embaixo dessa flor: "Não adianta insistir. O amor chegou ao fim".

8

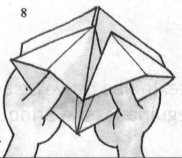

Cristina Porto. *Serafina sem rotina*. São Paulo: Ática, 1999.

203

Parece brincadeira!

1. Você sabe o nome do brinquedo da página anterior? Converse com os colegas antes de escrever sua resposta.

_____

2. Marque com um **X** as palavras do texto que orientam o que deve ser feito para a construção do brinquedo.

☐ corra   ☐ coloque   ☐ dobre

☐ molhe   ☐ vire   ☐ durma

● Além das palavras que você marcou, há outras no texto que também dão ordens. Escreva esses termos.

_____

_____

3. Qual é o material necessário para fazer esse brinquedo?

_____

_____

4. Se o texto não estivesse acompanhado das ilustrações, você conseguiria fazer o brinquedo de papel? Explique.

_____

_____

5. Numere as frases de acordo com a ordem das instruções.

◻ Chame um amigo.

◻ Encaixe os dedos nos buraquinhos.

◻ Peça para o amigo escolher um número de 1 a 7.

◻ Faça movimentos de abrir e fechar.

6. Com um colega, escolham uma das flores e façam versos que rimem com o nome dela. Vocês podem aproveitar essa ideia para escrever em seus brinquedos de papel.

margarida

girassol

205

Palavra puxa palavra

1. O cozinheiro perdeu o saleiro. Trace o caminho que ele precisa fazer para encontrar o objeto.

Pista: no percurso correto, todas as palavras estão no singular.

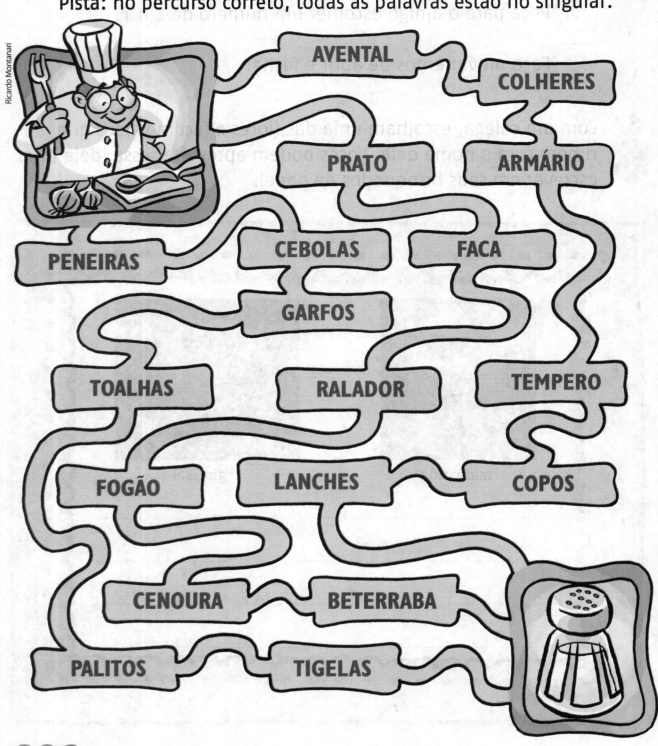

AVENTAL

COLHERES

PRATO

ARMÁRIO

PENEIRAS

CEBOLAS

FACA

GARFOS

TOALHAS

RALADOR

TEMPERO

FOGÃO

LANCHES

COPOS

CENOURA

BETERRABA

PALITOS

TIGELAS

Ricardo Montanari

2. Copie as palavras do caminho em que todas estão no plural.

_____

_____

3. Responda às questões pensando no seguinte desafio: cada resposta deve ter palavras no plural e no singular.

a) Pedro e Ana são amigos de João. João queria agradá-los e comprou alguns doces para eles. Ana não gosta de coco, e Pedro não gosta de chocolate. O que João comprou?

_____

_____

b) No cardápio de hoje, um restaurante oferece massa e sobremesa. A sobremesa pode ser repetida uma vez gratuitamente.
Como um cliente poderia se servir?

_____

_____

c) Melissa foi à feira comprar os alimentos de uma lista que sua mãe escreveu. O que ela comprou?

_____

_____

4. O que é, o que é?

• Pode ser encontrado na cozinha.
• É menor do que um prato.
• Seu nome é escrito da mesma maneira no singular e no plural.

_____

Palavras do mestre-cuca

Joaquim é o mestre-cuca do restaurante **Boa Comida**. Veja o cardápio que ele montou.

Ricardo Montanari

Cardápio

Comidas

COMERCIAL
(arroz, feijão, bife e salada)

MACARRÃO COM FRANGO

FILÉ DE PEIXE

SOPA DE LEGUMES

SALADA MISTA

Bebidas

SUCO DE LARANJA

LIMONADA

ÁGUA DE COCO

Sobremesas

SALADA DE FRUTAS

FRUTA DA ÉPOCA

Cardápio: lista com os nomes de comidas e bebidas servidas em restaurantes, bares, padarias e outros pontos comerciais. A lista pode estar acompanhada dos respectivos preços.
Mestre-cuca: cozinheiro.

1. 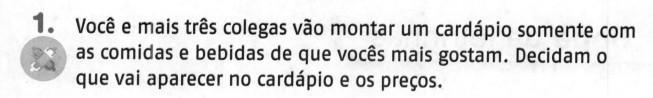 Você e mais três colegas vão montar um cardápio somente com as comidas e bebidas de que vocês mais gostam. Decidam o que vai aparecer no cardápio e os preços.

2. Ligue cada expressão ao seu significado. Ao terminar, você terá aprendido alguns termos próprios da culinária.

pitada	Enfeitar.
	Pequena quantidade.
clara em neve	Salpicar açúcar, farinha ou outro pó sobre um alimento ou preparação.
banho-maria	
	Esquentar ou cozinhar alimentos colocando-os em um recipiente dentro de uma panela com água.
polvilhar	
	Clara do ovo batida até ficar como uma espuma firme e consistente.
confeitar	

• Se você ainda tem dúvida sobre algumas expressões, procure seus significados no dicionário e escreva-os.

_____

_____

_____

Divirta-se com este texto instrucional.

A VISTA PODE ENGANAR . . .

Junte os dedos indicadores assim:

Olhe firme para a frente e vá levantando devagar os dedos, sem olhar para eles.

A uma certa altura, parece que entre eles há uma pequena salsicha.

Ruth Rocha. *Almanaque Ruth Rocha*.
São Paulo: Ática, 2005. p. 37.

1. Circule as palavras escritas com **S** e sublinhe aquela escrita com **SS**.

● Em todas as palavras que você marcou, o som da letra **S** é o mesmo?

☐ Sim. ☐ Não.

2. Leia as palavras.

| presa | pressa | | aceso | acesso |

a) O som da letra **S** é o mesmo em todas elas?

☐ Sim.   ☐ Não.

b) O **S** e o **SS**, nessas palavras, estão entre:

☐ vogais.   ☐ consoantes.

> Ao observar esses pares de palavras (presa – pressa, aceso – acesso), podemos concluir que a letra **S** entre vogais tem o som **Z**.
>
> Outros exemplos: ca**s**amento, coi**s**a.
>
> Quando a letra **S** entre vogais precisa representar o som **S**, usamos **SS** na escrita.
>
> Exemplos: o**ss**o, to**ss**ir.

3. Complete as palavras com **S** ou **SS**.

pre_____ente   pê_____ego   va_____oura

blu_____a   cami_____a   pá_____aro

aplau_____o   ga_____olina   pa_____agem

pai_____agem   pa_____o   ge_____o

- O que você observou a respeito da posição do **SS** nas palavras?

_____

_____

4. Na palavra **asa**, o **S** tem som _____.

Uso do dicionário

Vamos recordar como procurar palavras no dicionário?

1. Leia com atenção a reprodução desta página de dicionário.

satélite (sa.té.li.te) *substantivo*
1. Corpo celeste que gira em volta de um planeta.
A Terra possui apenas um satélite natural, que é a Lua. Outros planetas do Sistema Solar têm vários satélites girando em torno deles.

2. Aparelho construído pelo ser humano que gira em volta de um planeta e transmite sinais para a superfície.
Os satélites de comunicação que giram em volta da Terra servem para retransmitir sinais de televisão, rádio, telefone etc.

satisfação (sa.tis.fa.ção) *substantivo*
1. Sensação de alegria por ter realizado uma vontade; prazer.
Silvinho abriu um sorriso de satisfação quando a professora lhe deu os parabéns por ter feito um ótimo trabalho.
2. Explicação ou desculpa que se dá a alguém sobre algum ato.
O pai pediu uma satisfação para as crianças pela bagunça que estava na casa.

satisfeito (sa.tis.fei.to) *adjetivo*
1. Que comeu ou bebeu o suficiente.
Selma comeu um prato de arroz com feijão, bife e batata frita e uma fruta também, mas depois não quis comer mais nada porque já estava satisfeita.
2. Contente, feliz.
Todos ficaram satisfeitos quando o vizinho convidou a turma para tomar um refresco.

saudade (sau.da.de) *substantivo*
Sentimento que pode ser mais ou menos triste que ocorre pela falta de alguém, de algum lugar ou de alguma experiência já vivida e que se gostaria de ter de volta.
Salete está com saudade dos filhos que foram viajar na excursão da escola.

saudável (sau.dá.vel) *adjetivo*
Que faz bem para a saúde.
É muito saudável comer alimentos variados, como legumes, frutas, carnes, massas, e cuidar dos dentes e das gengivas com o uso de fio dental e escovação após as refeições e antes de dormir.
Sinônimo **sadio**.
Plural **saudáveis**.

saúde (sa.ú.de) *substantivo*
Estado do indivíduo que é saudável, que tem o corpo e a mente em bom estado.
Mantemos a saúde com boa alimentação, exercícios regulares e com a vacinação em dia.

saúva (sa.ú.va) *substantivo*
Inseto que vive em colônias e, num formigueiro de 200 a 400 mil formigas, torna-se necessário para o ambiente por ser parte do equilíbrio do ecossistema. Quan-

241

Saraiva infantil de A a Z – Dicionário da Língua Portuguesa ilustrado. São Paulo: Saraiva, 2006. p. 241.

2. Anote o significado da palavra **saudável**.

_____

3. Converse com os colegas e o professor sobre estas questões.

a) Que palavra vem antes de **saudável**? E depois?

b) Que palavras estão destacadas no alto da página? Uma dessas palavras poderia começar com a letra **M**? Por quê?

4. Procure em um dicionário o significado da palavra **receita**.

a) Relacione cada significado à imagem correspondente.

☐ Instruções sobre como preparar comida ou bebida.

☐ Documento do médico que indica o nome de um ou mais medicamentos e orienta o paciente sobre sua utilização.

b) Numere as frases de acordo com os significados de **receita**.

☐ Você conhece uma receita de bolo bem gostoso?

☐ O médico deu a receita com os medicamentos ao paciente.

Gente que faz!

Veja as partes que geralmente compõem as receitas culinárias.

Musse de maracujá → Nome da receita.

Ingredientes → São os alimentos para fazer a receita. Normalmente também aparecem as quantidades necessárias de cada item.

- 1 lata de leite condensado
- 1 lata de creme de leite
- 1 copo de suco concentrado de maracujá (sem açúcar)

Modo de fazer → É a explicação, passo a passo, de como a receita deve ser feita.

Bata no liquidificador todos os ingredientes. Depois, despeje a mistura em uma vasilha e leve à geladeira por, aproximadamente, quatro horas.

Existem receitas que dão ainda mais detalhes.

Ilustrações: Márcio Levyman

Tempo de preparo: indica o tempo que leva para preparar a receita.

Rendimento: mostra a quantidade de pedaços ou porções de uma receita, depois de pronta.

Sugestões: apresentam ideias, possibilidades de variações da receita.

214

1. Com a ajuda de um adulto, pesquise algumas receitas. Depois, escreva aquela de que você mais gostou.

Márcio Levyman

- Que tal pedir a um adulto que prepare a receita que você escreveu? Você pode ajudar! Só não se esqueça de tomar alguns cuidados.

> • Não mexer em objetos cortantes, como facas.
> • Não chegar perto do fogão ou de alimentos muito quentes.

215

Raios X da escrita

1. Marque com um **X** as partes que aparecem na receita culinária escrita por você.

- [ ] Nome da receita.

- [ ] Ingredientes escritos de modo organizado.

- [ ] Quantidade necessária de cada ingrediente.

- [ ] Explicação ensinando passo a passo como fazer a receita.

- [ ] Tempo de preparo.

- [ ] Rendimento.

- [ ] Sugestões.

2. Copie sua receita, fazendo as alterações necessárias para torná-la mais completa.

_____

_____

_____

_____

_____

_____

_____

3. Recorte os trechos da página 261 e monte a receita na ordem correta.

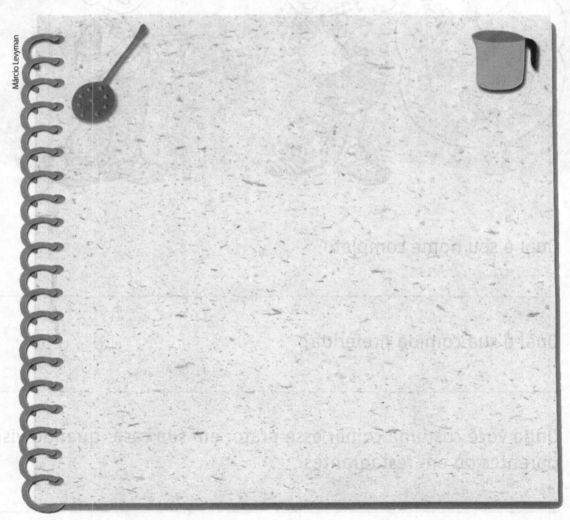

Márcio Levyman

Conversa vai, conversa vem...

Vamos fazer uma entrevista?

Entrevistar é fazer perguntas a uma pessoa sobre um assunto, para que ela responda.

O professor vai organizar duplas. Cada aluno vai entrevistar um colega e escrever as respostas dele. Decidam juntos quem vai perguntar primeiro.

Ricardo Montanari

1. Qual é seu nome completo?

_____

2. Qual é sua comida preferida?

_____

3. Onde você costuma comer esse prato: em sua casa, quando visita parentes ou em restaurantes?

_____

4. Sua família veio de algum outro país ou região do Brasil? Qual?

_____

5. Você conhece alguns pratos típicos desse lugar? Quais?

_____

_____

6. Você costuma ajudar a preparar as refeições em casa? Por quê?

_____

_____

7. Você sabe fazer algum prato? Qual?

_____

SUGESTÃO DE LEITURA

Come-come – Pais e filhos na cozinha, de João Alegria, Jorge Zahar.

O castor cozinheiro, de Lars Klinting, Callis.

O livro de receitas do Menino Maluquinho – Com as receitas da Tia Emma, de Ziraldo, L&PM.

REDE DE IDEIAS

ORGANIZAR

1. Observe as palavras do quadro e siga as orientações.

o gás	crianças	pássaro
massas	um tênis	sabonetes
cremoso	sábado	o lápis
sedosa	pêssego	gostoso

a) Circule as palavras que estão no plural.

b) Faça um **X** ao lado das palavras que começam com a letra **S**.

c) Sublinhe as palavras que têm **SS**.

d) Faça uma estrela ao lado das expressões que terminam com **S** mas não estão no plural.

e) Desenhe um quadrinho ao lado das palavras em que a letra **S** tem som de **Z**.

f) Escolha duas palavras do quadro e escreva uma frase com elas.

_____

_____

_____

2. Observe as palavras da atividade 1. Escreva a palavra que:

a) começa com a letra **S** e está no plural.

_____

b) começa com a letra **S** e tem outro **S** com som **Z**.

_____

c) tem **SS** e está no plural.

_____

3. Agora, escreva no singular os termos do quadro que estão no plural.

_____

AMPLIAR

4. Imagine que você vai instalar um *video game* novo, com a ajuda de um adulto.

Rita Barreto

● O que vocês precisarão fazer para instalar o *video game*?

_____

_____

_____

5. Na sua opinião, para conseguir vencer as várias etapas de um jogo basta ler o manual de instruções? Por quê?

CONVIVÊNCIA

Que tal brincar de cabra-cega?

Leia outro texto instrucional. Ao terminar, você e os colegas podem brincar de **cabra-cega**.

Boa diversão!

Cabra-cega

Todo mundo forma uma roda e fica de mãos dadas. Quem for escolhido para ser a cabra-cega fica com os olhos vendados e vai para o meio da roda.

A cabra tem de agarrar alguém da roda, que não pode ficar parada: quem estiver do lado para onde a cabra estiver indo foge, quem está do outro lado avança. Se a cabra-cega for esperta, consegue pegar alguém que está atrás dela.

Se a corrente da roda quebrar, o jogador que estiver do lado esquerdo de quem soltou a mão fica sendo a cabra, e a brincadeira começa de novo.

Folha de S.Paulo. Especial Brincadeiras Brasil 500. São Paulo, 16 de abril de 2000. p. 3.

222

1 Brincando juntos

Depois de brincar, responda às perguntas.

a) Antes da brincadeira, você e os colegas acharam importante entender as regras? Por quê?

_____

_____

b) Todos os alunos da classe participaram da brincadeira?

☐ Sim.   ☐ Não.

c) Na sua opinião, nessa brincadeira existe um vencedor? Explique.

_____

_____

d) Alguém ficou chateado durante a brincadeira? Por quê?

_____

_____

2 Converse com os colegas sobre estas questões.

a) Por que o grupo é importante nessa brincadeira?
b) Vocês tiveram alguma dificuldade enquanto brincavam? Qual?
c) Na sua opinião, se os colegas da roda colaborarem uns com os outros, ficará mais difícil para a cabra-cega pegar alguém?

● Depois de terem conversado, elaborem um cartaz com uma lista de combinados sobre como agir durante as brincadeiras em grupo.

UNIDADE

8

Cartas abertas

1. O que a ilustração representa? Responda oralmente.

2. Existem diferentes modelos de cartas. Quais destes modelos de carta você conhece?

☐ Carta pessoal.

☐ Carta comercial.

3. Você conhece algum meio eletrônico para enviar um conteúdo igual ou parecido ao de uma carta? Qual?

_____

CAPÍTULO 1

Cartas e histórias...

Tomé é um menino que sempre teve muita vontade de ser um super-herói. Um dia ele resolveu mandar uma carta a um super-herói.

Márcio Levyman

★★☆

Exmo. Sr. Super-Herói,

Como vai? Eu aqui vou bem. Só ontem que sem querer marquei um gol contra e o time todo queria me massacrar, mas tudo bem e agora estou escrevendo porque queria saber uma coisa muito importante: eu tinha (quer dizer, tenho) muita vontade de virar super-herói, que nem o senhor, e ajudar o bem e a justiça, mas não sei como. Será que o senhor pode me dizer como eu faço pra entrar na Legião dos Super-Heróis e virar um também? Juro que só vou me dedicar ao bem e à justiça, tá?

Cordialmente,
Tomé
★ ★ ★

Exmo.: excelentíssimo.
Sr.: senhor.

Passado muito tempo, Tomé recebeu uma resposta...

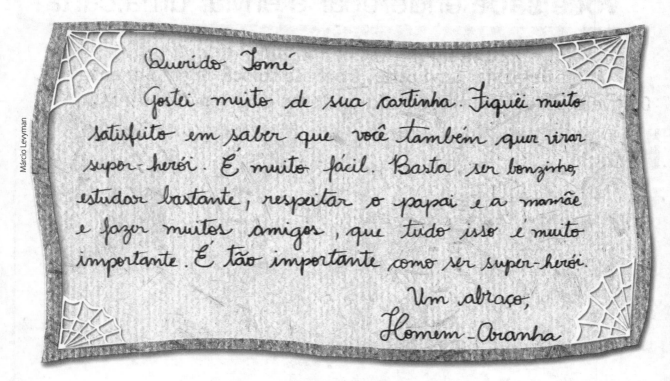

Querido Tomé

Gostei muito de sua cartinha. Fiquei muito satisfeito em saber que você também quer virar super-herói. É muito fácil. Basta ser bonzinho, estudar bastante, respeitar o papai e a mamãe e fazer muitos amigos, que tudo isso é muito importante. É tão importante como ser super-herói.

Um abraço,
Homem-Aranha

Walcyr Rodrigues Carrasco. *Cadê o super-herói?*
São Paulo: Global, 1999. p. 13 e 21.

1. Nessas cartas, Tomé e o Homem–Aranha usam a mesma forma de tratamento um com o outro? O que você observou?

_____

_____

2. Na carta de Tomé, percebemos que às vezes ele usa expressões que são mais da linguagem oral. Escreva algumas delas.

_____

_____

3. Se você fosse Tomé, como se sentiria depois de ler a resposta do Homem–Aranha?

Você sabe endereçar e enviar uma carta?

Antes de enviar uma carta, é preciso colocá-la em um envelope. O envelope deve ser preenchido na frente e no verso. Observe.

Patrícia dos Santos
Rua Doutor Vital Palma e Silva, 135 — apto. 12
Vila Rosalina
São Paulo — SP
05432-000

COSTUREIRA

Eduardo Campos
Av. Atlântica, 200
Copacabana
Rio de Janeiro — RJ
04908-000

Na frente do envelope devem aparecer o nome e o endereço completo de quem vai receber a carta (o **destinatário**).

É também na frente que se coloca o selo e se anota o CEP (Código de Endereçamento Postal) correspondente ao endereço.

No verso devem constar o nome e o endereço completo de quem envia a carta (o **remetente**).

228

Vamos ler o envelope da página anterior.

1. Quem é o destinatário da carta?

_____

2. Marque com um **X** o nome da cidade onde Patrícia mora.

☐ Rio de Janeiro ☐ Cuiabá ☐ São Paulo ☐ Manaus

3. Quem é o remetente da carta?

_____

4. Se o remetente fosse você, que endereço colocaria no verso do envelope?

_____

_____

_____

5. Agora que você já sabe como endereçar uma carta, é preciso saber como enviá-la.

Faça uma pesquisa para responder a estas questões e escreva em uma folha à parte. Você pode pedir ajuda a um adulto.

Depois, conte para os colegas e o professor o que você descobriu.

a) Por que é preciso colocar selo em uma correspondência?

b) O valor pago para enviar uma correspondência é o mesmo para todo tipo de carta?

c) Onde levamos o envelope já preenchido para ser entregue ao destinatário?

d) Quem entrega as correspondências?

Palavra puxa palavra

1. Leia as frases, prestando atenção nas palavras destacadas.

> O Homem-Aranha é **forte** e **corajoso**.

> Tomé é hoje um menino **bonzinho** e **estudioso**.

Márcio Levyman

- Relacione as características aos personagens, de acordo com a numeração.

| 1 | Homem–Aranha | | 2 | Tomé |

☐ forte

☐ estudioso

☐ bonzinho

☐ corajoso

> As palavras que você numerou são **características** do Homem–Aranha e de Tomé. Elas indicam o jeito de ser de cada um.

2. Na sua opinião, que características um super–herói deve ter?

_____

_____

- Como você imagina o Tomé? Escreva.

_____

_____

3. Tomé escreveu outra carta para o Homem-Aranha, mas houve um problema e ela não foi entregue. Veja o envelope da carta.

Homem-Aranha
End.: Avenida dos Heróis, 1000
CEP 01010-100
Vila dos Sonhos

Tomé de Albuquerque
End.: Rua das Oliveiras, 12
CEP 0223-000
Bairro da Saúde — Maceió-AL

- Marque com um **X** as características que estão de acordo com o envelope.

☐ bonito   ☐ amassado   ☐ limpo

☐ feio   ☐ sujo   ☐ rasgado

4. Complete o texto com as palavras do quadro. Você descobrirá o que Tomé fez com a carta devolvida.

| feliz | novo | surpreso | favorito | amarrotada |

Tomé ficou _____ ao receber de volta

a carta _____ .

Pensou um pouco e decidiu trocar o envelope por outro.

Pegou um envelope _____ e colocou a carta dentro.

Escreveu o endereço de seu super-herói _____ .

No dia seguinte, Tomé estava _____ porque

mandaria a carta e desta vez nada daria errado!

231

Sopa de letrinhas

1. Releia a carta que o Homem-Aranha enviou para Tomé. Depois circule as palavras com **NH**.

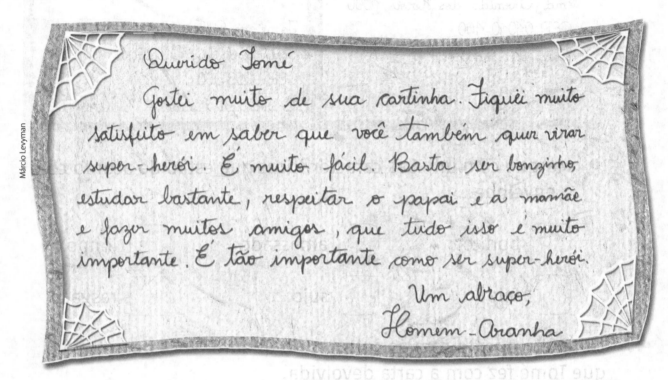

Querido Tomé

Gostei muito de sua cartinha. Fiquei muito satisfeito em saber que você também quer virar super-herói. É muito fácil. Basta ser bonzinho, estudar bastante, respeitar o papai e a mamãe e fazer muitos amigos, que tudo isso é muito importante. É tão importante como ser super-herói.

Um abraço,
Homem-Aranha

Walcyr Rodrigues Carrasco. *Cadê o super-herói?*
São Paulo: Global, 1999. p. 21.

2. Você conhece estes personagens? Pinte os nomes de acordo com a legenda.

〰 nomes com **LH**   〰 nomes com **CH**

Irmãos Metralha   Mulher Maravilha   Chico Bento

Cachinhos Dourados   Gata Borralheira   Chacal

Penélope Charmosa   Bicho-Papão   Manda-Chuva

3. Descubra onde acrescentar o **H** para formar novas palavras.

tela _____   cama _____

caco _____   mina _____

4. Localize na carta do Homem–Aranha as palavras com sílabas que começam com **H**.

_____

5. Leia as palavras do quadro.

hélice	habitação	hipopótamo	horário
humor	hortelã	humano	higiene

a) Qual é a letra inicial de cada palavra? E qual é a letra que vem logo depois dela?

_____

_____

b) Leia as palavras em voz alta. A letra **H** representa algum som?

_____

_____

Quando o **H** é acompanhado de uma vogal no início de uma sílaba, o som emitido é o da vogal.

6. Escreva palavras iniciadas com estas sílabas.

ha	he	hi	ho	hu

_____

_____

Uso do dicionário

Observe esta reprodução de uma página de dicionário.

carregado *adj* 1 Que traz muitos embrulhos. 2 Diz-se da atmosfera fechada, abafada, que ameaça temporal. 3 Diz-se do semblante fechado; carrancudo.

carregador (ô) *sm* 1 Pessoa que faz carreto. 2 Pente de balas das armas automáticas ou semiautomáticas.

carregamento *sm* O conjunto de coisas que formam a carga.

carregar *v* 1 Pôr carga. 2 Transportar. 3 Conduzir. 4 Levantar do chão. 5 Suportar um peso, uma carga. 6 Municiar uma arma. 7 Acumular eletricidade em baterias. 8 Cobrir-se (a atmosfera) de nuvens pesadas. 9 Saturar. 10 Tornar sombrio (semblante, cenho, etc.).

carreira *sf* 1 Corrida. 2 Fileira. 3 Profissão. 4 Rota de navios.

carreirismo *sm* Arrivismo.

carreirista *adj 2g* e *s 2g* Diz-se de, ou pessoa que usa de expedientes e recursos oportunistas para vencer na vida, subir na carreira ou no emprego, etc.

carreiro *sm* Caminho estreito; trilha.

carreta (ê) *sf* 1 Carro de duas rodas. 2 Reparo de duas rodas, de artilharia.

carreteiro *sm* Indivíduo que conduz carros de boi ou carretas.

carretel *sm* 1 Cilindro em que se enrolam linha, fios, arame ou qualquer artigo flexível, como corda; carrinho. 2 Molinete.

carretilha *sf* 1 Roldana pequena. 2 Peça dotada de cabo, com uma roda dentada, para marcar o pano que a costureira trabalha ou delinear o contorno de pastéis.

carreto (ê) *sm* 1 Transporte. 2 Ato de carregar a frete.

carril *sm* 1 Sulco deixado pelas rodas do carro. 2 Barra de aço sobre a qual deslizam as rodas em certos sistemas de tração; trilho.

carrilhão *sm* 1 Conjunto de sinos que são tocados coordenadamente, compondo música. 2 Relógio grande, de parede, que dá as horas tocando música.

carrinho *sm* 1 Carro de criança. 2 Carretel.

carro *sm* 1 Veículo de rodas, para transporte. 2 Automóvel.

carroça *sf* 1 Carro tosco, para cargas, tracionado por cavalgadura ou boi. 2 Qualquer veículo moroso.

carroção *sm* 1 Grande carro de bois, coberto de toldo. 2 A peça do dominó que tem seis marcas de cada lado. 3 Em matemática, expressão ou problema de muitos termos.

carroçaria *sf* A parte dos caminhões onde se leva a carga, ou a dos automóveis onde vão os passageiros.

carroçável *adj 2g* Diz-se de caminho pelo qual carros podem transitar.

carroceiro *sm* Aquele que conduz, guia carroça.

carroceria *sf* Carroçaria.

carrocinha *sf* Veículo fechado, para captura de cães vadios.

carrossel *sm* Rodízio ou círculo plano de madeira, com cavalos em volta, que gira, para diversão em parques.

carruagem *sf* Carro sobre molas puxado por parelhas de cavalos.

carta *sf* 1 Comunicação escrita que se remete a alguém; epístola, missiva. 2 Cada peça do baralho. 3 Mapa. 4 Diploma.

cartada *sf* 1 Lance em jogo de cartas. 2 Negócio ou tentativa de negócio ousado.

cartaginês *adj* e *sm* De, ou natural de Cartago, antiga cidade do Norte da África.

cartão *sm* Pedaço retangular de papel muito encorpado.

cartão-postal *sm* Cartão retangular com ilustração de um lado e espaço para bilhetes do outro. [Pl.: *cartões-postais.*]

cartapácio *sm* Livro muito volumoso.

cartaz *sm* Folha de papel com dizeres e ilustrações para fazer propaganda.

cartazista *s 2g* Artista gráfico que cria ou faz cartaz(es).

carteado *sm* Jogo de cartas de baralho.

cartear *v* 1 Manter correspondência. 2 Nos jogos de baralho, dar as cartas.

carteira *sf* 1 Bolsa pequena, de couro ou outro material, para cédulas e documentos, que se leva no bolso. 2 Pequena caderneta de anotações ou lembranças. 3 Mesa de escrever; escrivaninha.

carteiro *sm* Funcionário dos correios e telégrafos que faz a entrega de cartas e telegramas.

cartel *sm* 1 Combinação, ajuste entre empresas, associação, sindicatos, etc., tendo em vista uma ação comum. 2 Combinação de empresas comerciais no sentido de eliminar a livre concorrência.

Ruth Rocha e Hindenburg da Silva. *Minidicionário Ruth Rocha.* São Paulo: Scipione, 2001. p.124.

Ruth Rocha/Editora Scipione

1. O que aparece no topo dessa página de dicionário?

_____

_____

_____

_____

2. Na página de dicionário reproduzida, procure o significado da palavra **carta**. Qual é o sentido mais adequado aos textos apresentados nesta unidade?

_____

_____

- Escreva duas frases com a palavra **carta** usando dois de seus significados.

_____

_____

_____

3. Marque com um **X** as palavras que não estão na reprodução dessa página de dicionário.

☐ cartão   ☐ casaco   ☐ carneiro   ☐ carro

4. O que você faria para colocar palavras com as duas primeiras letras iguais em ordem alfabética? Por exemplo: **casaco**, **carneiro** e **camiseta**.

CAPÍTULO 2

Carta do leitor

Quando uma pessoa lê textos publicados em revistas e jornais, por exemplo, pode escrever uma carta para elogiar, criticar e até sugerir novos assuntos de reportagens.

Leia duas cartas enviadas à revista **Ciência Hoje das Crianças (CHC)**.

Gostei!

Oi, tudo bem? Minha professora de português levou para cada aluno uma *CHC*. Ela pediu que todo mundo lesse e comentasse sobre o que mais gostou na revista. Eu nunca tinha lido uma revista tão interessante. Gostei muito da série de animais em extinção, pois relata os vários tipos de animais que estão ameaçados. A forma que vocês trabalham é interessante, além das fotos que são legais.

Rafaela
Glória do Goitá/PE.

Toda a equipe da CHC *agradece a sua gentileza, Rafaela! Valeu!*

Planetas

Olá, *CHC* ! Tenho oito anos e estou na 3ª série. Bom, vamos logo ao assunto. Eu queria pedir uma matéria completa sobre os planetas. Meu sonho é ler uma matéria dessas. Conto com vocês! Um abraço!

Rodrigo
Campo Belo/SP.

Publicamos um artigo sobre os planetas do sistema solar na CHC *89. Confira!*

Revista *Ciência Hoje das Crianças*. Rio de Janeiro: Instituto Ciência Hoje, janeiro/fevereiro de 2004.

1. Quem escreveu a carta com o título **Gostei!**?

_____

● Qual foi a intenção da leitora ao escrever essa carta?

☐ Criticar um dos textos que leu.

☐ Elogiar as matérias publicadas.

☐ Dar sugestões à revista.

2. Qual foi o pedido feito por Rodrigo na carta dele?

_____

_____

● Qual foi a resposta da equipe da revista?

_____

_____

3. Quais assuntos você gostaria de encontrar em uma revista de Ciências para crianças? Por quê?

_____

_____

4. Você conhece outros meios de comunicação em que são publicadas cartas de leitores? Já escreveu para um desses lugares?

237

Palavra puxa palavra

1. Observe este trecho da carta **Gostei!**.

> "**Ela** pediu que todo mundo lesse e comentasse sobre o que mais gostou na **revista**. Eu nunca tinha lido uma **revista** tão interessante."

a) Como ficaria esse trecho se as palavras destacadas fossem **elas** e **revistas**? Converse com um colega antes de escrever sua resposta.

_____

_____

_____

_____

b) Quais outras palavras tiveram que ser modificadas?

☐ na   ☐ interessante   ☐ lesse

☐ mundo   ☐ pediu   ☐ uma

2. Escreva esta frase da carta **Planetas** trocando a palavra destacada por **nós** e fazendo as alterações necessárias.

> "**Eu** queria pedir uma matéria completa sobre os planetas."

_____

_____

3. Cada palavra do quadro azul combina com uma do quadro vermelho. Forme os pares de palavras e pinte cada par com uma cor.

mesas	garotos	ruas
casa	leite	cabelos

gelado	encaracolados	espaçosa
curiosos	movimentadas	redondas

● O que você observou para formar os pares de palavras?

_____

_____

4. Copie a frase da placa, corrigindo o que for necessário.

Ricardo Montanari

DEZ MAÇÃ
por apenas
TRÊS REAL

_____

● Explique o que estava errado no texto da placa.

_____

_____

239

1. Você acha que é possível um cachorro escrever?
Leia uma carta que um cachorro desobediente escreveu para sua dona, depois que ela o colocou em uma escola de adestramento.

6 de outubro

Cara sra. Leroy,

Os vizinhos se queixam mesmo de meus uivos? É difícil imaginar. Primeiro, porque não uivo tanto assim. A senhora esteve fora naquelas noites, então não tem como saber, mas, acredite, fui bastante moderado. Segundo, não devemos nos esquecer de que são ELES que vivem me acordando no meio da tarde com aquele aspirador barulhento. Costumo dizer que todos temos de aprender a conviver em harmonia.

Minha vida aqui continua um pesadelo. A senhora não acreditaria nas coisas que acontecem na lanchonete.

Sinceramente seu,
Sam

P.S. Não quero deixá-la alarmada, mas a ideia de uma fuga passou-me pela cabeça!

Mark Teague. *Cara Sra. Leroy*.
São Paulo: Globo, 2004.

Ricardo Montanari

2. Se você fosse a Sra. Leroy, o que responderia para o cão?
Escreva a resposta, lembrando-se dos elementos necessários a
uma carta.

_____

_____

_____

_____

_____

_____

_____

_____

_____

_____

_____

_____

_____

_____

_____

_____

1. Releia este trecho da carta do cachorro para sua dona e circule as palavras que têm a letra **H**.

> "Minha vida aqui continua um pesadelo. A senhora não acreditaria nas coisas que acontecem na lanchonete."

a) Separe as sílabas das palavras que você circulou.

_____

_____

_____

b) Pinte as sílabas com a letra **H** que você escreveu.

nha	lha	cha	nho	cho	lho

2. Junte as sílabas da mesma cor para formar as respostas.

vi	sa	to	nhos	lhen	ro	ru	ba	chei	zi

a) As pessoas que moram ao lado de sua casa são os seus

_____ .

b) Lugar com muito barulho é _____ .

c) Uma flor muito perfumada é uma flor _____ .

3. Nas respostas da atividade anterior, quais são as letras que aparecem antes de cada **H**?

_____

4. Você conhece outras palavras escritas com **LH**, **CH** ou **NH**? Reúna-se com um colega e escrevam o maior número possível de palavras com essas letras.

_____

_____

5. Reúna-se com um colega para brincar de um **jogo-da-velha** diferente. Para isso, sigam as orientações.

- Façam um sorteio para escolher quem ficará com as palavras escritas com **NH**, **LH** ou **CH** e para decidir quem começa o jogo.

- Cada um, na sua vez de jogar, deve ocupar uma casa do jogo escrevendo uma palavra com seu par de letras.

- Ganha quem formar primeiro uma linha de três palavras, como no exemplo.

olho	machado	recheado
	coelho	
		milho

Gente que faz!

Leia a carta e observe sua estrutura, isto é, "as partes" que a formam.

Local e data → Porto Alegre, 20 de setembro de 2009.

Querida Amanda, ← **Saudação**

Assunto:

Estou com saudade das nossas conversas.

Aqui em Porto Alegre está tudo bem. Meu curso termina em poucos meses, logo voltarei para a nossa cidade natal e poderemos conversar muito!

Gostaria de saber como estão todos de sua família e o que você tem feito de bom...

Não deixe de escrever contando as novidades!

Com carinho, ← **Despedida**

Bianca ← **Assinatura**

Local e data

O local é a cidade onde a carta foi escrita.

A data geralmente indica dia, mês e ano em que alguém escreveu a carta. O local deve ser separado da data por uma vírgula.

Saudação

É o modo como o remetente cumprimenta o destinatário da carta. A saudação varia de acordo com a relação existente entre essas duas pessoas. Veja os exemplos.

- Para um amigo, podemos usar: **Querido**, **Caro amigo**.
- Para pessoas pouco conhecidas, usamos: **Prezado**, **Senhor**.

Assunto

É o tema da carta, o conteúdo da mensagem.

Despedida

Como na saudação, a despedida varia de acordo com as pessoas.

Quando escrevemos a um amigo ou parente próximo, podemos nos despedir com **Um abraço**, **Beijos**, por exemplo. Se a carta é para uma pessoa que conhecemos pouco, nos despedimos com expressões como **Atenciosamente** e **Cordialmente**.

Assinatura

É o nome de quem escreveu a carta, do remetente.

1. Em uma folha à parte, escreva uma carta a um amigo ou parente. Você escolhe o assunto!

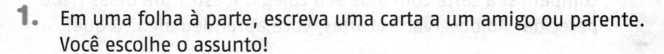

245

Raios X da escrita

1. Troque de carta com um colega. Marque com um **X** as frases que estão de acordo com a carta que ele elaborou.

- ☐ O local e a data foram escritos no alto da página.

- ☐ O local foi separado da data por uma vírgula.

- ☐ O nome do destinatário foi escrito corretamente.

- ☐ O assunto foi explicado de modo claro.

- ☐ No final do assunto, foi escrita uma despedida.

- ☐ A carta foi finalizada com a escrita do nome do colega.

2. Faça o mesmo com sua própria carta.

- ☐ O local e a data foram escritos no alto da página.

- ☐ O local foi separado da data por uma vírgula.

- ☐ O nome do destinatário foi escrito corretamente.

- ☐ O assunto foi explicado de modo claro.

- ☐ No final do assunto, foi escrita uma despedida.

- ☐ A carta foi finalizada com a escrita de seu nome.

3. Compare sua carta com a de seu colega. A estrutura delas ficou parecida? Ao observar as cartas, você aprendeu algo? O quê?

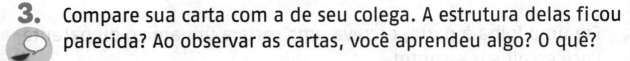

4. Recorte da página 259 as partes da carta e cole-as na ordem correta. Você montará outra carta escrita pelo cachorro citado na página 240.

Mark Teague. *Cara Sra. Leroy*. São Paulo: Globo, 2004.

Conversa vai, conversa vem...

Você conhece o **Projeto Escreve Cartas**?

Criado em 2001 em São Paulo, esse projeto conta com voluntários que escrevem cartas para pessoas analfabetas ou que têm dificuldades para escrever.

A proposta é unir pessoas que estão distantes e resgatar laços amorosos, familiares ou simplesmente de amizade.

> **Voluntários:** pessoas que se oferecem espontaneamente para fazer algo para alguém que necessita, sem receber nada em troca.

Assessoria de Comunicação do Projeto Escreve Cartas do Programa Poupatempo de São Paulo

Senhora Elvira Recchia conta para a voluntária Suely Vieira Calasans o que gostaria de escrever em sua carta.

1. Faça como os voluntários do **Projeto Escreve Cartas**.

- Um colega ditará a você uma carta que ele gostaria de enviar para alguém. Ouça com atenção o que ele diz e escreva o texto em uma folha à parte.
- Depois, será a sua vez de pedir a ele que escreva uma carta em seu lugar.

> Lembrem-se dos elementos que compõem uma carta.
>
> - Local e data
> - Saudação
> - Assunto
> - Despedida
> - Assinatura

2. Façam uma roda para conversar sobre o que vocês fizeram na atividade anterior.

a) Você gostou mais de ditar ou de escrever a carta? Por quê?

b) Na sua opinião, uma criança poderia trabalhar no **Projeto Escreve Cartas**?

3. Assinale com um **X** algumas características que você acha que uma pessoa deve ter para trabalhar no **Projeto Escreve Cartas**.

☐ Deve ser professor de Língua Portuguesa.

☐ Deve saber guardar segredo.

☐ Deve ter boa caligrafia.

☐ Deve escrever suas próprias ideias.

☐ Deve ser uma pessoa paciente e educada.

SUGESTÃO DE LEITURA

Cara Sra. Leroy, de Mark Teague, Globo.

Um lobo instruído, de Pascal Biet, Martins Fontes.

Bem-vindo ao Enrolê-Olê, de Mariane Gelenski, Brinque-Book.

O primeiro selo foi criado em 1840, na Inglaterra. Até então, era o destinatário quem pagava pelo serviço de transporte e entrega de correspondências.

O Brasil foi o segundo país no mundo a fazer selos. O primeiro selo brasileiro foi lançado em 1843.

Existem alguns selos chamados **comemorativos**. Eles recebem esse nome porque têm sua imagem relacionada a um determinado acontecimento ou evento.

Os primeiros selos comemorativos brasileiros foram produzidos em 1900. Eles celebravam os quatrocentos anos da chegada dos portugueses ao Brasil.

Conheça alguns dos selos produzidos em nosso país.

Primeiros selos comemorativos do Brasil – 400 anos da chegada dos portugueses ao Brasil.

Selo de uma manifestação folclórica brasileira: o frevo (Pernambuco), 1975.

Selo comemorativo dos 190 anos da Biblioteca Nacional.

Selo comemorativo da conquista do pentacampeonato mundial de futebol.

250

1. Você já viu algum selo? Qual era a imagem representada nele?

_____

2. Imagine que você fosse criar um selo para comemorar um dia especial. Que dia você escolheria?

☐ Dia da Criança.　　　　　☐ Natal.

☐ Seu aniversário.　　　　　☐ Ano Novo.

☐ Outro: _____

● Desenhe o seu selo comemorativo.

VOCÊ SABE O QUE É UM **FILATELISTA**? É A PESSOA QUE COLECIONA SELOS.

REDE DE IDEIAS

ORGANIZAR

1. Complete as palavras com **CH**, **NH** ou **LH**.

ma_____ucadas   ca_____ecol   verme_____a

andori_____as   fofi_____os   fi_____a

- Desafio! De qual dessas palavras você poderia tirar a letra **H** para formar uma outra palavra?

_____

2. Escreva uma frase com cada par de palavras.

a) filho – manhoso

_____

b) vizinho – atrapalhado

_____

3. Se as palavras do exercício anterior estivessem no feminino e no plural, como ficariam as frases que você criou?

_____

_____

4. Leia este texto.

> Em setembro de 1871, uma menina de oito anos de idade chamada Virginia Hanlon, que morava na cidade de Nova York, nos Estados Unidos da América, escreveu a seguinte carta para o jornal de sua cidade, o New York Sun:
>
> Caro Editor,
> Tenho oito anos de idade. Alguns amigos meus estão dizendo que Papai Noel não existe. O meu pai disse: "Se você encontrar o Papai Noel no jornal, é porque ele existe". Por favor, me contem a verdade: O Papai Noel existe?
>
> Organização de Heloisa Prieto. *Papai Noel – Um velhinho de muitos nomes*. São Paulo: Companhia das Letrinhas, 1995. p. 9.

a) O que Virginia precisou fazer para enviar a carta ao jornal?

_____

_____

_____

_____

 b) Na sua opinião, as cartas daquela época chegavam tão rápido quanto hoje em dia? Por quê?
Converse com os colegas e o professor.

5. Procure uma revista ou seção de jornal feita para crianças e leia um texto. Depois, escreva uma carta de leitor dando sua opinião sobre o que você leu.

CONVIVÊNCIA

Momentos na escola

Parabéns! Você completou um ano de novas descobertas!

1 Para finalizar o trabalho neste livro, registre alguns momentos que marcaram este ano para você.

O melhor dia na escola, para mim, foi quando _____

_____

_____

_____

O pior dia na escola, para mim, foi quando _____

_____

_____

Aprendendo uns com os outros

O que mais gostei de aprender com os colegas foi

_____

_____

_____

_____

O que mais gostei de aprender com os professores foi _____

_____

_____

_____

Escreva uma carta a um colega dizendo suas expectativas para o próximo ano: o que você acha que vai aprender? O que você espera que aconteça?

255

Ampliando horizontes

CDs

- *Adriana Partimpim*, de Adriana Calcanhoto, Sony BMG.
- *Palavra Cantada – Dez anos*, MCD.

Filmes

- *A era do gelo 2*, direção de Carlos Saldanha.
- *Os incríveis*, direção de Brad Bird.
- *Shrek*, direção de Andrew Adamson e Vicky Jenson.
- *Shrek 2*, direção de Andrew Adamson, Kelly Asbury e Conrad Vernon.

Livros

- *Berimbau e outros poemas*, de Manuel Bandeira, Nova Fronteira.
- *Fábulas*, de Jean de La Fontaine, tradução de Ferreira Gullar, Revan.
- *Meu primeiro livro de contos de fadas*, de Mary Hoffman, Companhia das Letrinhas.
- *O carteiro chegou*, de Janet e Allan Ahlberg, Companhia das Letrinhas.
- *O menino e o pardal*, de Daniel Munduruku, Callis.
- *O trem da amizade*, de Wolfgang Slawski, Brinque-Book.
- *Uma noiva chique, chiquérrima, lindérrima*, de Beatrice Masini, Ática.
- *Urashima Taro – A história de um pescador*, de Lúcia Hiratsuka, Global.

Revista

- *Recreio*, Abril.

Sites

- www.casadeportinari.com.br
- www.contandohistoria.com
- www.plenarinho.gov.br/sala_leitura/estante-do-plenarinho

Letramento
e alfabetização
linguística
2º ano
Material
complementar

Preciso voltar para casa agora mesmo.
Honestamente seu,
Sam

Odeio lhe dizer isso, mas estou terrivelmente doente. Começou na pata, fazendo com que eu mancasse o dia inteiro. Depois senti enjoo, mal conseguindo engolir as refeições (exceto o suculento caldo de carne). Então comecei a gemer e a uivar.

7 de outubro

Cara sra. Leroy,

Finalmente, tiveram de me levar ao veterinário. O dr. Furabolo alega que não há nada de errado comigo, mas tenho certeza de que sofro de uma doença terrível.

UNIDADE 7 – PÁGINA 217 – ATIVIDADE 3

Modo de preparo   **Salada delícia**   *Ingredientes*

Em um recipiente, ajeite as folhas de alface e de agrião. Jogue por cima delas as batatas, o palmito e os ovos cozidos.

Depois, basta acrescentar o azeite, o vinagre e o sal, com cuidado para que eles sejam distribuídos por toda a salada.

• folhas de alface
• folhas de agrião
• 200 g de batatas descascadas, cortadas em cubinhos e cozidas
• 2 ovos cozidos e picados
• 100 g de palmito em conserva
• azeite, vinagre e sal a gosto

UNIDADE 4 – PÁGINA 126 – ATIVIDADE 1

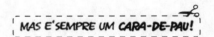

UNIDADE 3 – PÁGINA 74 – ATIVIDADE 2

UNIDADE 6 – PÁGINA 185 – ATIVIDADE 2

> Contam os pescadores que, quando a lua reina alta no céu, a Iara senta-se numa pedra do rio e corre o pente por seus cabelos ora loiros, ora verdes, sempre brilhantes. Fica horas ali se penteando, até que, à meia-noite, tudo para. As cachoeiras barulhentas, as corredeiras, tudo silencia. Só se ouve seu canto.

> Iara é o nome de uma criatura bonita, poderosa, sedutora. Metade dela é mulher, metade é peixe.

> Alguns dizem que a Iara é tão linda, que deixa os homens zonzos, cegos de paixão. Os pescadores dos rios sabem do seu fascínio e temem se perder de amores por ela. Por isso, ao ouvi-la cantar fogem em disparada (...).

263

UNIDADE 3 – PÁGINA 93 – ATIVIDADE 3

UNIDADE 3 – PÁGINA 83 – ATIVIDADE 6

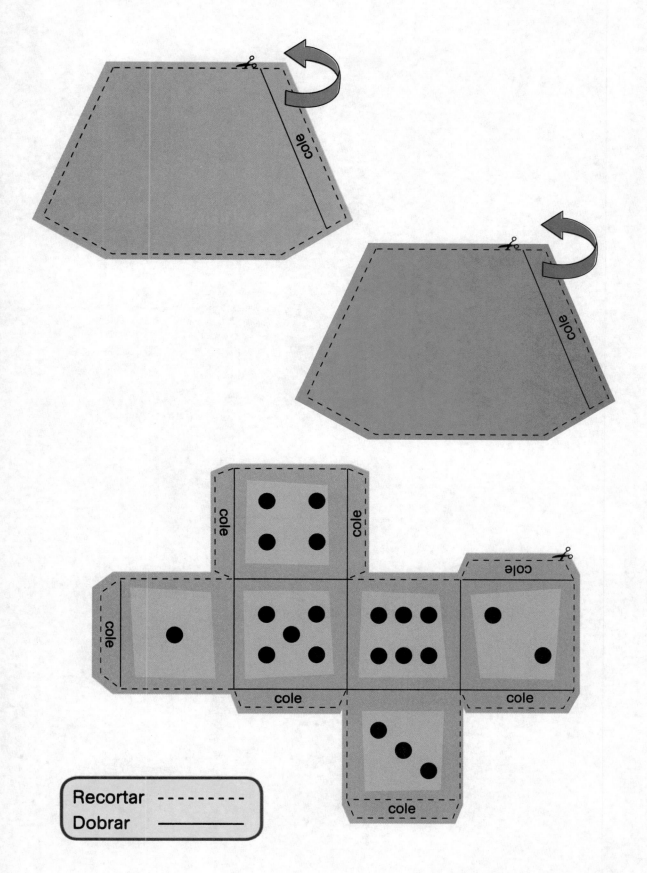

Recortar - - - - - - - - -
Dobrar _____

15 de março

Maria Luísa

Mãe,

Beijinhos,

Não se preocupe, estou com a vovó.

Já fiz toda a lição de casa e, como não tinha mais nada para fazer, fui à pracinha andar de bicicleta.

A tia Cláudia ligou e pediu para avisar que virá em casa à noite.

UNIDADE 1 – PÁGINA 9 – ATIVIDADE 2

amigo da escola

secretária

dono da casa

dona da casa

a   B

C   D

E   F

G   H

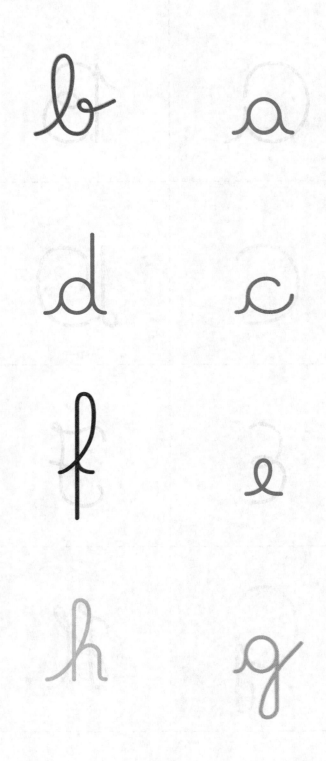

b a

d c

f e

h g

J J

K L

m n

O P

277

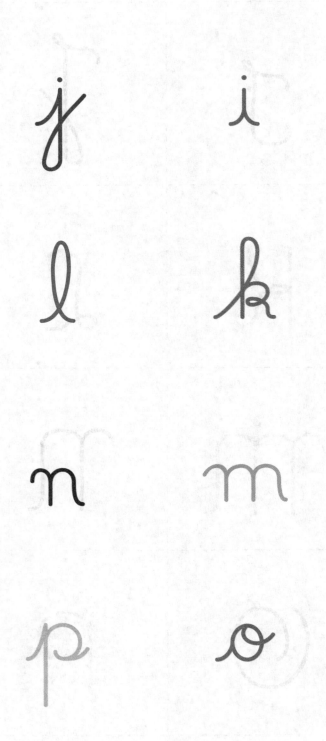

j   *i*

l   *k*

n   *m*

p   *o*

Q R

S J

U V W

X Y Z

A	B	C	D
E	F	G	H
I	J	K	L

d   c   b   a

h   g   f   e

l   k   j   i

M	N	O	P
Q	R	S	T
U	V	W	X
Y	Z		

p   o   n   m

t   s   r   q

x   w   v   u

z   y

A	B	C	D
E	F	G	H
I	J	K	L

d   c   b   a

h   g   f   e

l   k   j   i

M	N	O	P
Q	R	S	T
U	V	W	X
Y	Z		

p o n m

t s r q

x w v u

z y